U0577225

# 智力课堂

# 翻绳游戏

思维拓展游戏编委会◎编

吉林出版集团
吉林科学技术出版社

图书在版编目（CIP）数据

翻绳游戏 / 思维拓展游戏编委会编. -- 长春：吉
林科学技术出版社，2013.6（2021.1重印）
（智力课堂）
ISBN 978-7-5384-6773-4

Ⅰ. ①翻… Ⅱ. ①思… Ⅲ. ①智力游戏－儿童读物
Ⅳ. ①G898.2

中国版本图书馆CIP数据核字(2013)第098442号

# 翻绳游戏

| | | |
|---|---|---|
| 编 | 思维拓展游戏编委会 | |
| 出 版 人 | 李 梁 | |
| 责任编辑 | 高小禹 于 畅 | |
| 插图设计 | 徐葳娜 贺 娜 李 莹 | |
| 封面设计 | 南关区涂图设计工作室 | |
| 制 版 | 南关区涂图设计工作室 | |
| 开 本 | 710mm×1000mm 1/16 | |
| 字 数 | 200千字 | |
| 印 张 | 13 | |
| 版 次 | 2013年7月第1版 | |
| 印 次 | 2021年1月第2次印刷 | |

| | |
|---|---|
| 出 版 | 吉林出版集团 |
| | 吉林科学技术出版社 |
| 发 行 | 吉林科学技术出版社 |
| 地 址 | 长春市人民大街4646号 |
| 邮 编 | 130021 |
| 发行部电话/传真 | 0431-85635177　85651759　85651628 |
| | 85677817　85600611　85670016 |
| 储运部电话 | 0431-84612872 |
| 编辑部电话 | 0431-85642539 |
| 网 址 | http://www.jlstp.com |
| 印 刷 | 北京一鑫印务有限责任公司 |

| | |
|---|---|
| 书 号 | ISBN 978-7-5384-6773-4 |
| 定 价 | 29.80元 |

# 前言

如果你想有足够的创造性，或者还有丰富的想象力，那么就选择玩翻绳游戏吧！看似简单的翻绳游戏，一方面需要大脑思考和记忆，另一方面还需要左右手的配合，手、眼、脑一同动起来，通过精细动作的锻炼，手指灵活地进行撑、钩、挑、翻、取、放等动作，才能确保顺利的变化，翻出各种生动有趣、变化无穷的图案。在翻绳游戏中，可以一个人玩儿，也可以两个人或多人一起玩儿，相互交流斗智，乐趣盎然。

俗话说："智慧在手指尖上。"一根绳子，老少皆宜，练手又练心，有趣又益智，那么你还等什么呢？

# 准备工作

 ## 绳的连接

翻绳游戏用的工具很简单，虽然只是一条1米多长的绳子，但是可不要小看它，它翻起来是千变万化的。

翻绳用的绳子要用那些没有线绒的绳子，比如说毛线、布条就不行。因为毛线的线绒用的时间久了，上边的绒就会绞在一起，无法再用于翻绳儿了。而布条同样也是用时间长了，上边线丝会脱落并绞在一起。因此最好是用线绳或锦纶绳，它具有轻、圆、滑的三大特点是玩翻绳的最好用具。

## 绳的连接方法

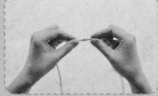

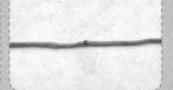

**1** 用火机烧绳子的一端直至绳端融化。

**2** 然后将绳的另一端与燃烧点接到一起。

**3** 连接成功，制成了绳圈。

## 绳的打结方法——"渔人结"。

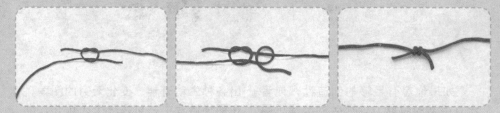

**1** 将绳子的末端打一个单结，尾端要留下充分的长度，另一端顺着结形逆向穿过。

**2** 将逆向穿过的一端，也同样打上一个结。

**3** 将两条绳用力向两边拉紧即可成结。

## 中指基本手势的步骤

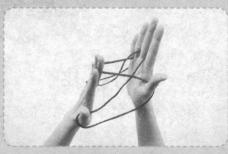

**1** 把绳分别挂在双手的拇指和小指上。

**3** 用左手的中指挑起右手手掌上的绳。

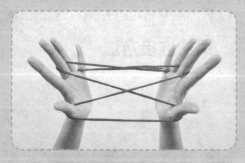

**2** 用右手的中指挑起左手手掌上的绳。

**4** 双手将绳抻直，中指的基本步骤就完成了。

## 示指基本手势的步骤

*1* 把绳分别挂在双手的拇指和小指上。

*2* 用右手的示指挑起左手手掌上的绳。

*3* 挑后的样子。

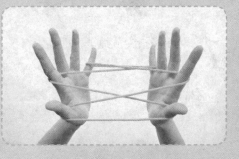

*4* 用左手的示指挑起右手手掌上的绳。

*5* 双手将绳绷直，基本步骤就完成了。

 ## 翻绳符号的意义

●○　　代表钩挑的绳子　　　　→　　　　按箭头方向操作

☆★　　代表松开的绳子　　　　▽　　　　手从上至下插入

△　　手从下至上插入

挑、钩的动作

## 挑

*1* 将示指指尖从绳子下面插入。

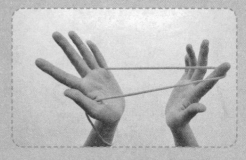

*2* 用手指指尖背部将绳子挑起来。

## 钩

*1* 将示指指肚从上至下插入绳子下面。

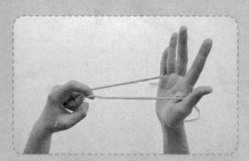

*2* 用手指的指肚将绳子钩过来。

# 目录

一、  开心萌芽篇

二、  快乐进阶篇

四、 双人易趣篇

三、 智斗难关篇

五、 魔术耍帅篇

# 一、开心萌芽篇

## 雪 橇

想拥有一个属于自己的雪橇吗？那就让我们一起动手做一个属于自己的雪橇吧！

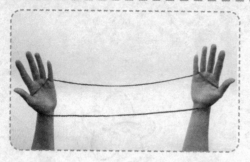

*1* 首先，双手手掌相对，将绳子分别挂在拇指和小指上面。

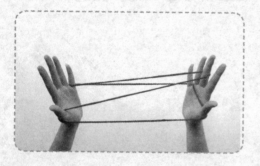

*2* 再用右手中指取左手掌上的绳。

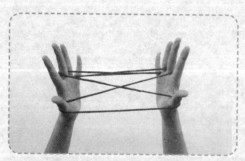

*3* 同样的方法，再用左手的中指取右手掌上的绳，看，成了两个十字交叉。

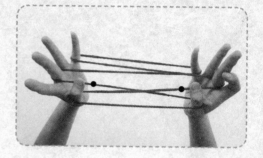

*4* 接下来，用拇指压住●绳。

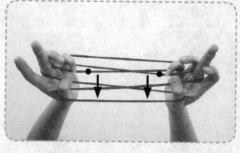

*5* 再用小指压住●绳，然后，将拇指和小指按照→所指的方向同时下压。

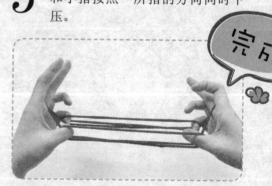

完成

*6* "雪橇"完成了，坐上它出发吧！

# 小星星

小星星一闪一闪亮晶晶，抓一颗星星放在手中，许个愿，让梦想成真吧！

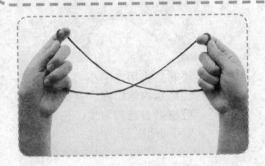

*1* 用两只手将绳子交叉放入手中。

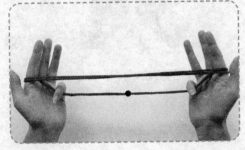

*4* 然后用小指将●绳挑起。

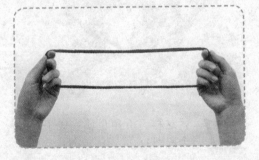

*2* 再将交叉后的绳子合成一个圆圈。

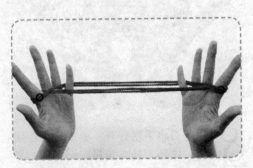

*5* 挑后的样子，此时注意○绳。

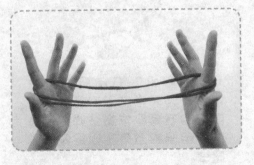

*3* 接下来将双层绳合成的圆圈，分别套在示指上。

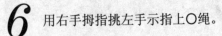

*6* 用右手拇指挑左手示指上○绳。

11

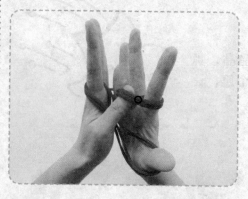

**7** 同样的方法，左手挑右手示指上○
绳。

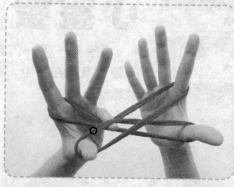

**10** 松开后再用左手小指从下面挑
钩拇指内侧○绳。挑绳子的手
可根据自己的习惯，也可以用
右手小指。

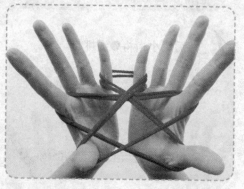

**8** 挑完后将手指分开，整理一下。别
急，这还不是五角星。

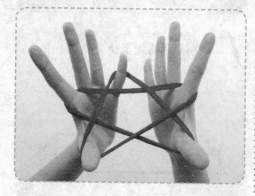

**11** 就这样，五角星就完成了，许
个愿吧！

完成

知道吗？五角星在魔法
中是一种非常特别的图形，采
用正的五角星作魔法阵是白魔
法，用倒的五角星则是象征黑
魔法。

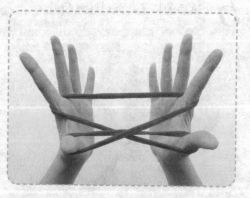

**9** 接下来将小指上的绳子松开。

# 奇怪的六角星

拥有六个角的大星星，看它是如何演变出来的吧！让我们拭目以待。

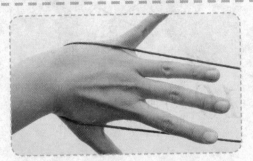

**1** 首先，我们将手掌面向下方，将绳子分别挂在两只手的拇指和小指上面。

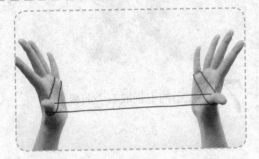

**4** 这是完成后的样子哦！

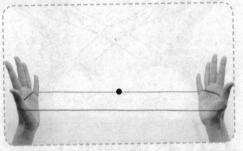

**2** 两只手的大拇指和小指要挂住绳子哦！慢慢抬起，使两手掌心相对。注意●绳的位置。

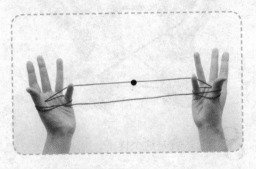

**5** 该小指出动喽！钩取●绳。

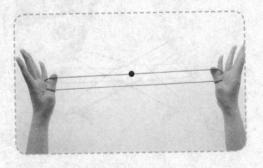

**3** 用大拇指从●绳的下面穿过，然后将其取过来。

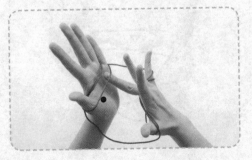

**6** 用右手的中指取左手的●绳，并向后抻直。

13

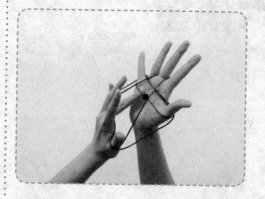

**7** 用左手的中指取右手的●绳。

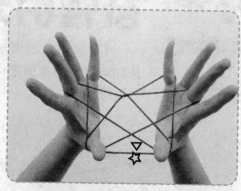

**10** 嗯，有点星星的样子了。将两只手的大拇指同时弯曲放进▽里面，让☆绳自然脱落。

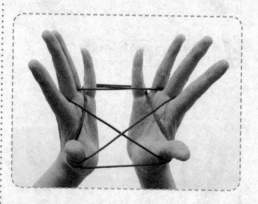

**8** 看，就是这个样子。

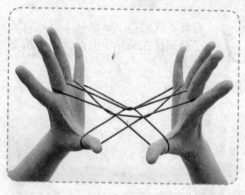

**11** 抻一抻，整理一下，瞧！这就是绳子脱落后的样子。

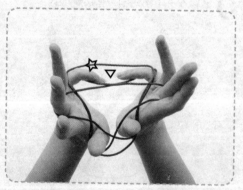

**9** 首先，将两只手的小指同时弯曲，放进▽里面，并让☆绳脱落。

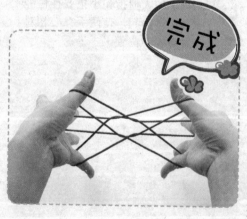

完成

**12** 成功地完成了的"奇怪的六角星"，来个特写吧！

# 大蒲扇

这个翻绳小游戏和降落伞的做法有些相像，它在日本又名为"松叶"。跃跃欲试的你尝试一下吧！

**1** 首先，要将绳子挂在左手的拇指、中指以及小指上。把右手从里侧伸进绳内，之后用右手的拇指和示指将左手的●绳拉出来，抻直。

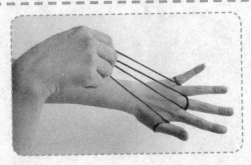

**4** 将右手的绳子从左手上方绕到左手背的后面，可以松开右手啦！

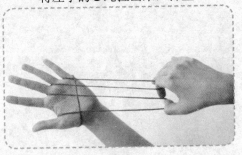

**2** 这是拉出来之后的样子，这与降落伞的做法是不同的哦！

**5** 看看左手掌的样子吧！注意●绳的位置。

完成

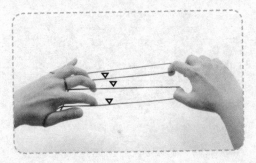

**3** 现在要将左手的示指、中指、无名指弯曲放进▽里。

**6** 用右手的示指或与大拇指配合，钩住●绳向下拉。

# 降落伞

年长的人现在应该还依稀记得的翻绳游戏，试着玩一下吧！很简单的哦！

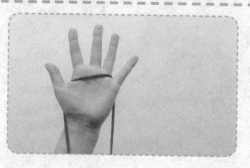

**1** 首先，我们将绳子挂在左手的拇指和小指的上面。

**2** 再用右手示指钩住左手手掌上的绳子，并向后拉。

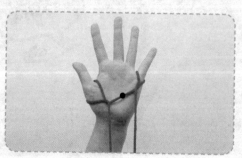

**3** 这是完成之后的样子，用右手再一次钩住左手手掌的●绳向下拉出来。

**4** 这是完成后的样子，这时，把右手放进△绳内，用右手的拇指和示指钩住两绳往自己的方向拉。

**5** 钩住●绳一同向下拉的过程。

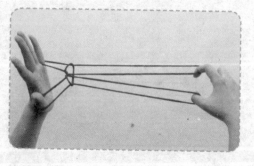

**6** 要慢慢地拉出来哦！

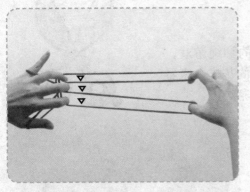

**7** 快看，这是拉出来之后的样子。现在要注意▽的地方哦！将左手的示指、中指和无名指放进▽绳里。

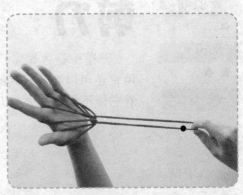

**10** 离目标还有一步之遥，加油！将左手竖起，手掌面向自己，用右手示指钩住●绳子，向后拉一下。

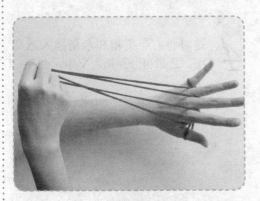

**8** 将右手的绳子从左手的上面绕到左手的手背后面。

完成

**9** 好了，让我们松开右手放松一下吧！此时注意●绳。

大功告成！"降落伞"完成了，你做到了吗？仔细看看，它还像什么？……你猜对了，是大扫帚。

难易度
★ ☆ ☆ ☆

趣味性
★ ★ ☆ ☆

人数：1人

# 剪刀

降落伞是大家常玩的翻绳游戏，用它还可以演变成其他的花样，来看看它像不像一把大剪刀呢？

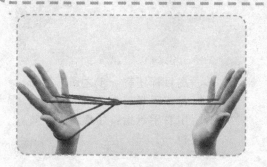

*1* 采用16页降落伞的结束手势动作，松开右手的绳子休息一下。

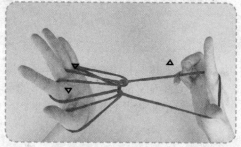

*4* 这时将右手拇指和示指插入△绳中，之后再分别插入▽中。

*2* 用右手的示指穿过挂在左手示指和无名指上的四根●绳。

*5* 再将右手拇指和示指从△处伸出。

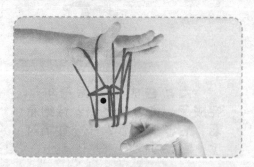

*3* 再将示指向自己的方向拉下，看很像种花用的"小耙子"吧！拉一下绳子中间的三角形下方●绳，就回到"降落伞"了。

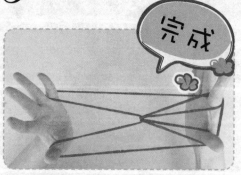

完成

*6* 把绳子拉起，抽出左手的示指和无名指，将绳子抻直，一把剪刀完成。

| 难易度 |
| ★ ☆ ☆ ☆ |

| 趣味性 |
| ★ ☆ ☆ ☆ |

人数：1人

# 魔法扫帚

让我们制作一把巫婆的魔法扫帚吧！这也是制作降落伞比较神奇的方法，试试看，会让你大吃一惊。

**1** 首先，将绳子挂在双手的小指和拇指上。用右手的中指钩取左手掌心的绳子。

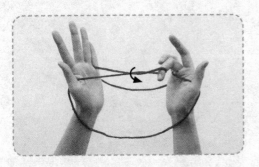

**2** 根据→的方向扭转右手的中指。

**3** 注意右手带有●绳的位置。

**4** 此时，用左手的中指去挑取右手手掌的●绳。

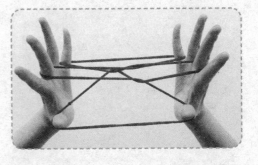

**5** 整理一下，但还没有完成，见证奇迹的时刻到了……

完成

**6** 将两只手"啪"的一声合上，然后迅速地将右手的拇指和小指抽出，并快速地将两手分开。神奇吧！像不像巫婆的魔法扫帚啊？

# 织布机

想必大家都知道七夕牛郎会织女的神话爱情典故吧？织女就是用织布机为牛郎日夜赶织布匹。这个游戏到最后是可以进行有趣变化的哦！

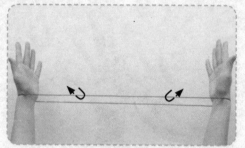

**1** 首先，我们先将绳子挂在两只手的手腕上，之后将绳子沿→方向绕左右手腕各一圈。注意两只手被绕的方向是不同的。

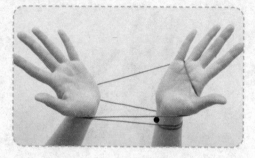

**4** 同样将右手手腕上●绳也得取下来。

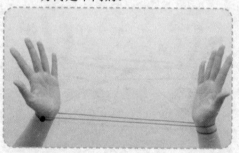

**2** 绕弯之后就是这个样子啰！注意●绳的位置。

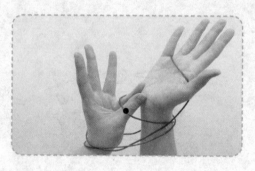

**5** 取●绳的过程。

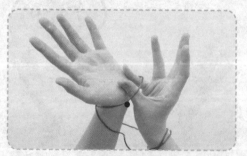

**3** 之后，用右手的拇指和小指，伸进左手手腕上的●绳里，并钩取过来，抻直。

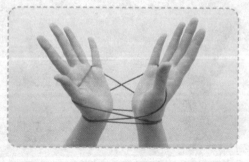

**6** 这是取完后的形状。

**7** 接下来，用右手中指取●绳。

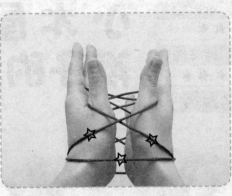

**10** 此时要夹紧双手手指上所有的绳子，将指尖指向对面方向。准备松开☆绳。

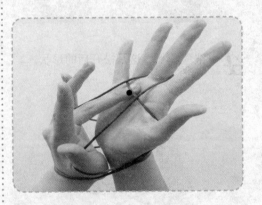

**8** 用左手中指取●绳。

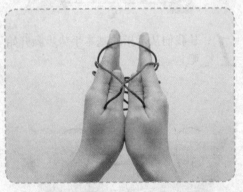

**11** 将手腕上所有的绳子全部脱下来会有点困难，我们可以用嘴巴或请其他人来辅助一下。

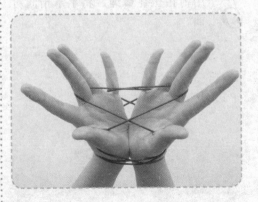

**9** 抻直整理一下，这是从上向下看的样子。

完成

**12** 功夫不负有心人，将手指打开整理一下吧！"织布机"完成了。

# 小木屋、梳辫子的女孩

翻绳游戏的趣味性就是游戏过程中的变化能让人展开许多联想，不断地创造出有趣的形态。

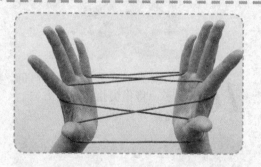

*1* 让我们从示指的基本手势步骤开始吧！

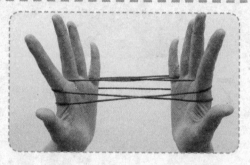

*4* 整理一下，这是松开后的形状。

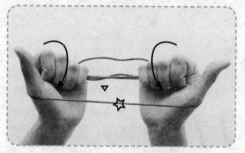

*2* 将除了拇指以外的其他手指顺→方向一同放入▽里面且握紧，这是握紧后的状态。要注意☆的位置。

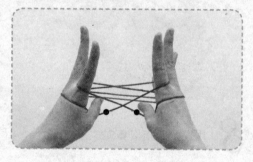

*5* 用拇指压住●绳，将手掌指向对面。

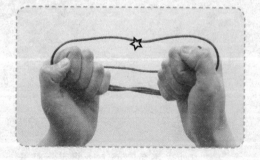

*3* 接下来，将☆的绳子松开，让其脱落到拳头上方即可。

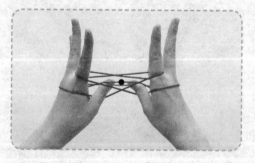

*6* 再用拇指将●绳取过来。

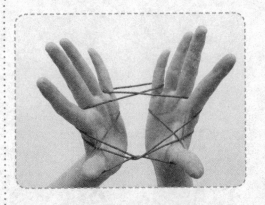

**7** 现在还不是小木屋的形状哦！

**8** 我们继续用右手将左手手背后的☆绳拿起来从上面绕出，松开。

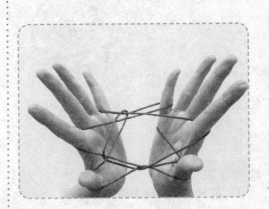

**9** 这是松开后的状态。

**10** 同样方式，将右手手背☆绳也松开。

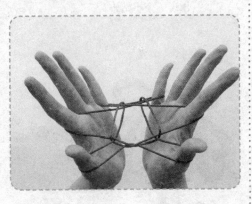

**11** "小木屋"盖好了。

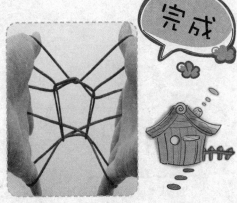

完成

**12** 将双手指尖指向对面，整理一下，小猪可以住进来了。

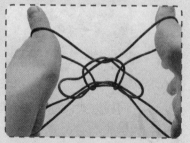

1. 将两只手示指上的绳子松开，出现一个小姑娘。

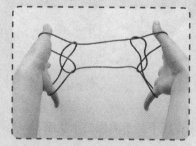

2. 左右动一动，呀！小木屋被大灰狼吹倒了。

"大灰狼来啦"　　"救命啊"

完成

3、从木屋里跑出来两只小胖猪。

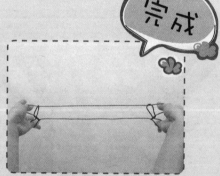

4、两只小胖猪分别逃向左右两边，两只小猪越跑越远。

# 裤子、王冠

裤子变王冠？一根普通的小绳能够从一条裤子，被打造出象征至高权力的王冠，让你成为故事中英俊的王子和美丽的公主。

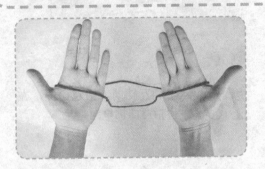

**1** 首先，将绳子套在双手的手掌上。

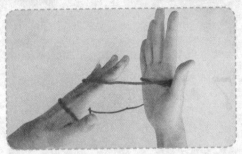

**4** 以同样的方法，将左手示指、中指、小指一同穿过右手手掌上的绳子。

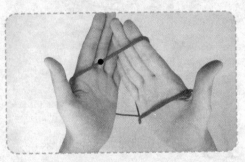

**2** 右手示指、中指、小指一同穿过左手手掌上的●绳。

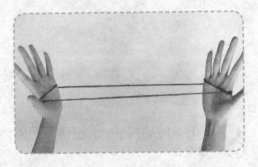

**5** 穿过后抻直绳子。

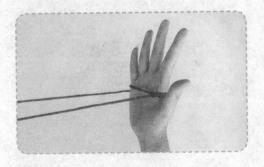

**3** 穿过后将绳子拉直。

**6** 用右手的中指由下往上挑左手掌上的●绳。

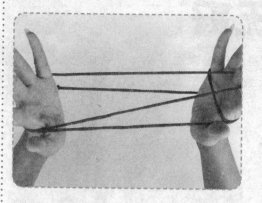

**7** 挑完后的样子。

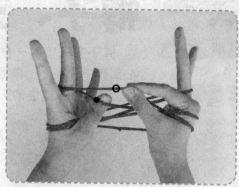

**10** 双手相互辅助，抬起〇绳，左手拇指弯曲挑●绳。

**8** 同样，用左手的中指挑右手掌上的●绳。

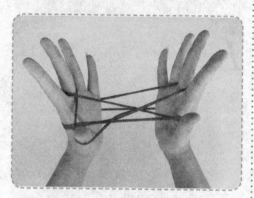

**11** 将钩住的绳子向外挑出来。

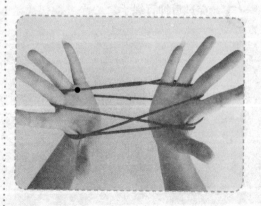

**9** 双手挑完后的效果。注意●位置，准备钩取。

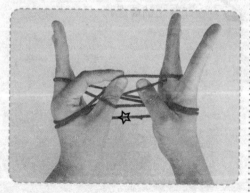

**12** 同样方法，右手拇指挑绳。将小指上的☆绳松开。

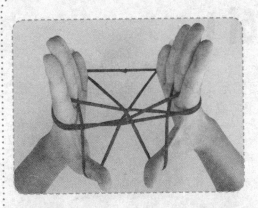

**13** 将绳抻直，看看像不像一条裤子？

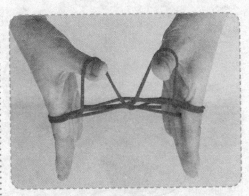

**14** 再将裤腿朝上，呵呵！就变成了一个漂亮的王冠。很简单吧！

# 自制小河 I

"小河流水哗啦啦……"这个游戏是从双人翻绳游戏衍生而来的，小河实际上是环中有两处扭转而已，了解了这一点，就很容易由一个人翻出来了。

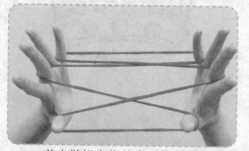

**1** 首先做好中指基本手势的步骤，接着指尖向下并慢慢地把手抽出来，将绳置于桌面上，保持绳的扭转状态不变。

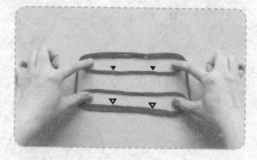

**4** 将双手的拇指伸入▽内，双手的示指伸入▼内，撑起绳。

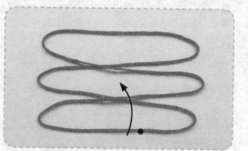

**2** 整理一下后，出现了三个可爱的圈圈和两个交叉处，我们要做的是将上下两个圈圈放到中间的大圈圈里。首先将●绳翻到箭头所指处。

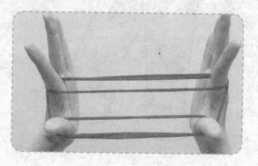

**5** 一个人完成"小河"了耶！

完成

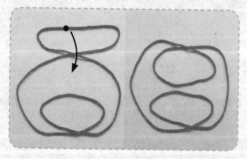

**3** 再将●绳同样地翻到箭头所指处。

# 自制小河2

弄清"小河"的基本方法了吗？再让我们换一种方法制作吧！同样会有惊喜哦！

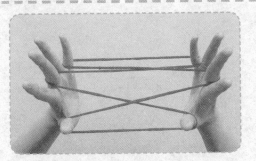

**1** 先做好中指的基本步骤。指尖朝下，慢慢地将绳子按原状放置在平面上。

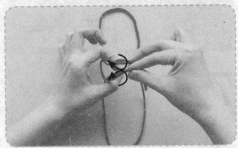

**4** 用左手的大拇指按→方向从外侧翻挑●处的两根绳，用示指从外侧翻挑●处的两根绳。

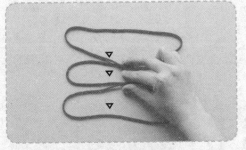

**2** 慢慢地用右手的大拇指、中指、示指伸进▽处。用这三个指头捏住绳子交叉处。

**5** 这是挑的过程。

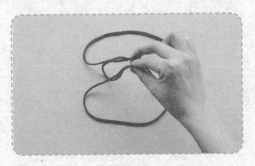

**3** 将捏住的绳子拎起来。

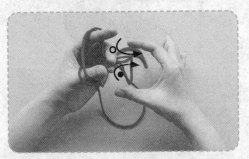

**6** 用右手的大拇指顺箭头方向从外侧挑●处的两根绳，用示指从外侧翻挑○处的两根绳。

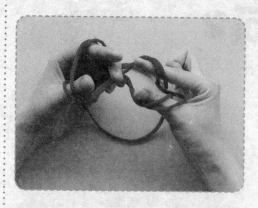

**7** 慢慢地向两边分开，抻直绳子哦！

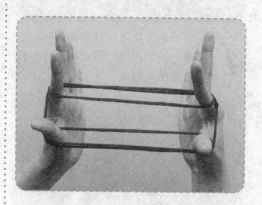

**8** 果然是条小河啊！

完成

# 立体眼镜

看过3D电影吗？知道它的为什么有那么逼真效果吗？秘密就在立体眼镜上。

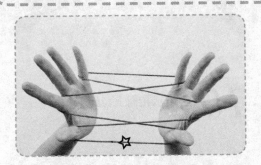

*1* 先做好中指手势的基本步骤，将拇指的☆绳松开。

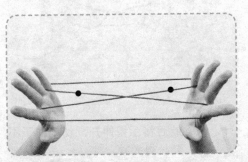

*2* 松开后的样子，用拇指指尖挑●绳。

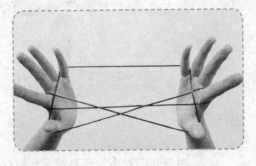

*3* 这就是挑后的样子，对照一下。

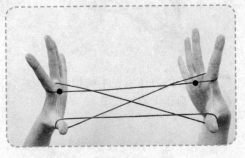

*4* 接下来，将套在小指的绳子松开。再用拇指挑●绳。

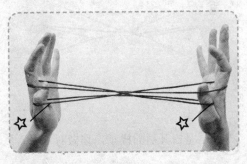

*5* 这是挑的过程。注意☆的位置，准备松开☆绳。

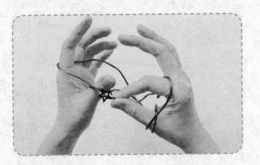

*6* 首先用右手拇指和示指将左手拇指上☆绳松开。

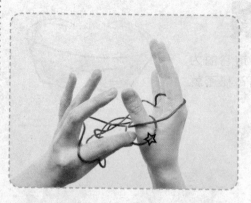

**7** 同样的方法用左手拇指和示指将右手拇指上☆绳松开。

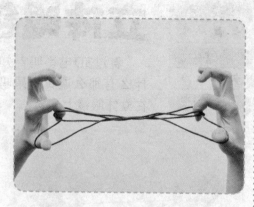

**10** 再用示指向上拉绳。

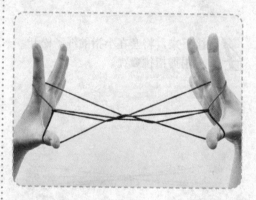

**8** 这是松开后的样子，你做对了吗？

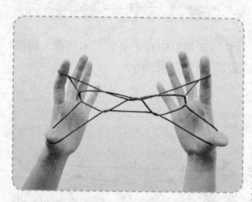

**11** 最后将示指伸开，切记绳子不要拉得太紧。

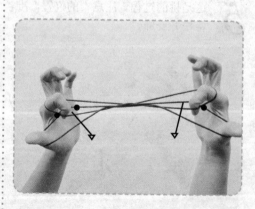

**9** 继续用示指压住●绳向下插入▽里。

完成

**12** 四指朝向对面，高科技立体眼镜完成了，带上体会一下吧！再看看，也很像蜘蛛侠的面具哦！

# 大碗 I

此游戏在日本很受欢迎，又被人们称为"酒杯"。操作起来很简单，我们立刻动手吧！

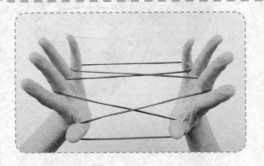

*1* 首先做好中指基本手势的步骤。

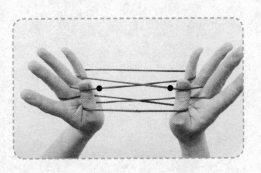

*2* 再用左手拇指挑中指的●绳。

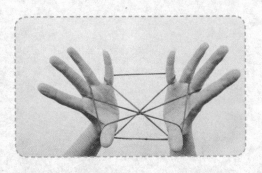

*3* 这是挑后的形状。

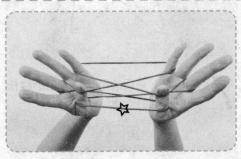

*4* 现在准备脱落拇指下面的☆绳。

*5* 在松开☆绳时，可以让左右手相互帮助，用右手将左手拇指上的☆绳取下，注意不要放开左手的●绳。

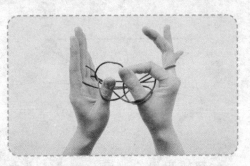

*6* 取绳的过程。之后再以同样方法将右手同等的绳取下。

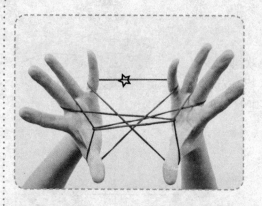

**7** 这是取下来后的形状。我们继续松开小指上的☆绳。

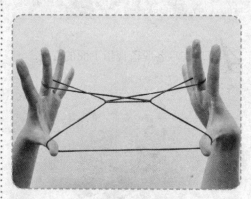

**8** 松开后的形状。

完成

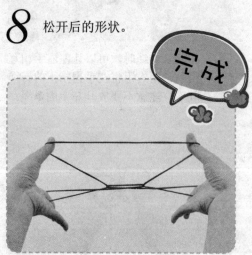

**9** 翻转我们的双手，就成了"大碗"，我们也可以称它为"果盘"。

# 大碗2

翻绳游戏，可以使游戏参与者的想象力得到充分发挥，同样的一个图形，可以用不同的方法来完成。

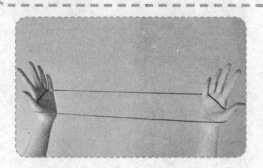

**1** 将绳分别挂在双手的拇指和小指上。

**4** 再用同样的方法将右手掌上的●绳挑起。

**2** 用右手的中指将左手掌上的绳子挑过来。

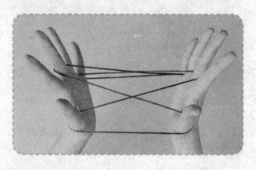

**5** 挑起后抻直。

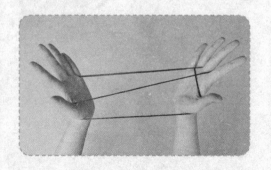

**3** 挑完后的将绳子抻直。

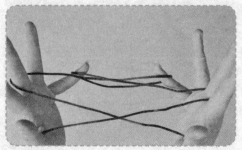

**6** 然后，将小指上的绳子松开。注意不要抻直。

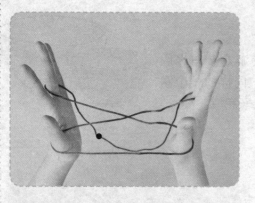

**7** 利用惯性将小指松开的●绳向自己的方向掀过来。

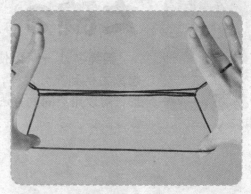

**10** 双手向两侧拉，并且向下压，就变成这样的形状。

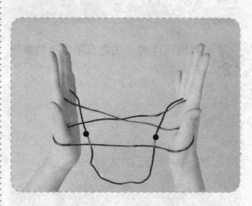

**8** 绳子掀过来后的样子。注意●绳位置。

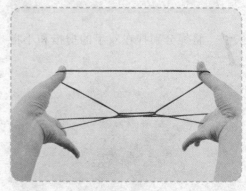

**11** 最后将拇指指尖翻转向上，如同变魔术一样，瞬间又一个大碗完成了。

完成

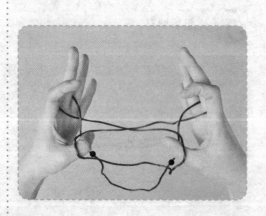

**9** 用拇指钩●绳子。

# 箭

一个大碗经过反复加工，会变成好多意想不到的形状，只要你勤于动手动脑，就会创造奇迹。

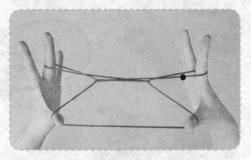

**1** 首先采用34页大碗的结束手势动作。翻转我们的双手将碗口向下，右手拇指取●绳。

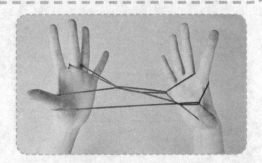

**4** 松开后的形状。

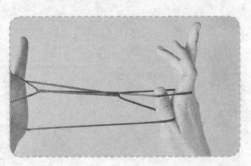

**2** 取绳的过程。

"啪"

**5** 双手"啪"地拍合在一起，同时迅速地将左手拇指上的绳子松开，然后伸开双手。

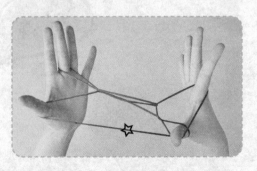

**3** 取下来后，将右手拇指上的☆绳松开。

完成

**6** 一支箭出现了。

# 花瓶、奶嘴

有时变化只需要一个简单
的动作就能完成。

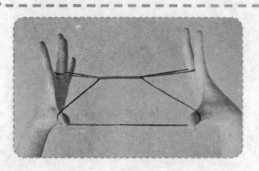

*1* 同样做出一个大碗来。然后将碗口
转向下，平铺在桌子上。

完成

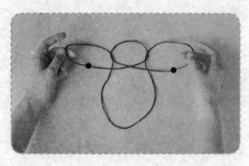

*2* 将●绳整理一下，看！很像花瓶
吧！

*4* 将拿起的绳子向左右两边拉。看，
很像婴儿的奶嘴吧？

完成

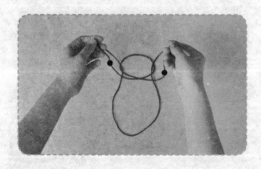

*3* 再将●绳拿起。

# 巫婆帽、领带

这是一个很有趣的游戏，在游戏过程中需要两个人配合，通过配合翻出各种图案。我们将这两个人设定为A和B。

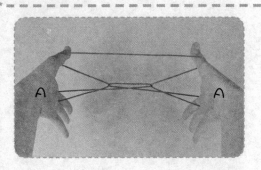

**1** 首先，A以37页大碗的结束手势做好准备。

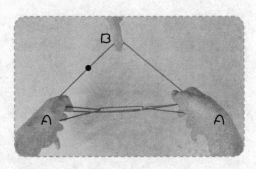

**2** B用示指向外拉碗口●绳，A在B拉绳子的同时手指慢慢合并。

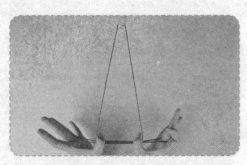

**3** 随着B将绳子拉长，A逐渐用拇指将套在示指上的绳夹紧，形成一个三角形。

完成

**4** 放开拇指，双手向两侧移动，巫婆帽形成了。

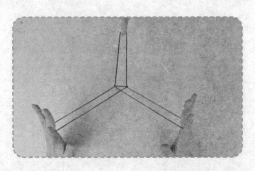

**5** 变化还没有完呀！双手继续向两侧移动，就形成这个形状。

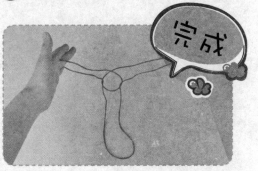

完成

**6** 此时B放开手中的绳子，一条大方的领带完成了。

# 小淘气上树

"我望不见山顶，只知道有山顶"，想感受攀登到高处的感觉吗？努力争取一下吧！

## 1
A将一根绳分别挂在双手的拇指和小指上。用双手示指将●绳分别挑起。

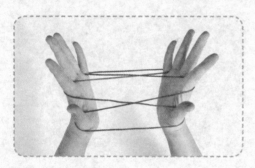

## 2
这是挑完后的样子。

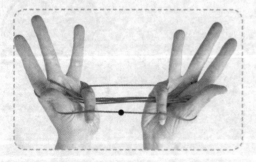

## 3
双手小指弯曲，压在其他绳子的上面，挑●绳。

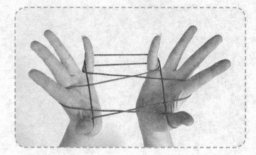

## 4
挑后的样子。

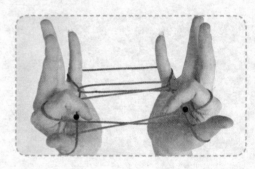

## 5
接下来示指弯曲，压在●绳上。

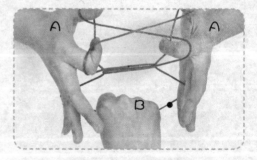

## 6
B用手握住小指上的●绳，此时A将挂在拇指和小指上的绳子松开。

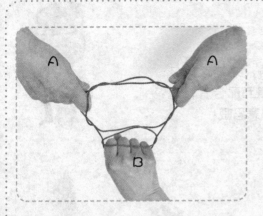

**7** 然后A、B双方向自己身体的方向开始拉，A示指的绳子自然脱离。

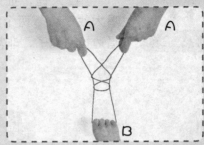

玩法：B不动，A向上提拉，小孩就会不断地往上爬，直至攀登到最高处。

完成

**8** 最后A示指向上拉，一个淘气的小孩爬树就完成了。

# 拉锯

"拉大锯，扯大锯，姥姥家门口唱大戏……"两个人相互配合着，边唱边拉动绳子，非常有意思哦！

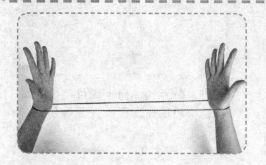

*1* 首先A将绳子套在双手手腕上。

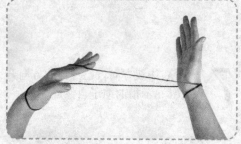

*4* 翻转后将绳子缠绕在左手手腕上。

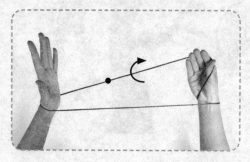

*2* 右手由外向内按→方向将●绳翻转。

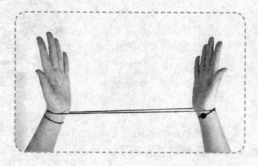

*5* 然后，用左手中指挑右手手腕上的●绳。

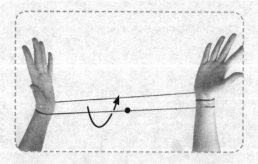

*3* 左手用同样的方法按→方向将●绳翻转。

*6* 挑绳的过程。

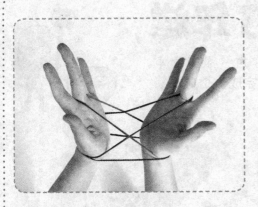

**7** 挑完后的形状。

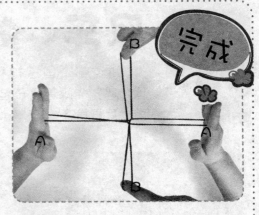

完成

**10** A、B完成后形成了一个"十"字，准备玩拉锯游戏啦！

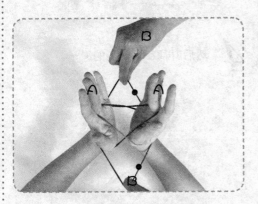

**8** 接下来，B将A手腕上的●绳取下来。

教你玩
JIAONIWAN

A拉紧时B就收缩。

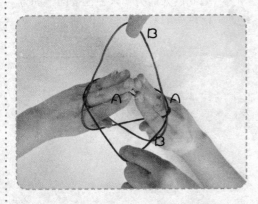

**9** A将手指夹紧，脱掉指背上的绳子。

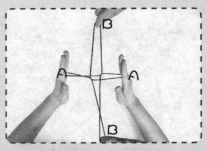

相反A收缩时B就拉紧。双方一拉一收非常好玩，就如同拉锯一样，你们学会了吗？

43

# 风车、打年糕

知道哪个国家被称为"风车之国"吗？先跟着我一起完成一个风车游戏后再找答案吧！

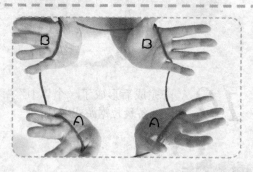

**1** A、B分别将绳子挂在双手的拇指和小指上。

**4** 然后B再取A手掌上的绳子。

**2** 然后用中指按顺序挑双方手掌上的绳子。

**5** A、B两人的另一只手也按同样的方法准备取对方掌心上的绳子。

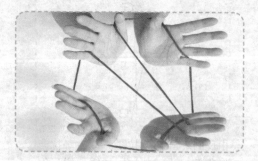

**3** 如图，首先A先取对面B手掌上的绳子。

**6** 首先A的另一只手的中指取B另一只手手掌上的绳子。

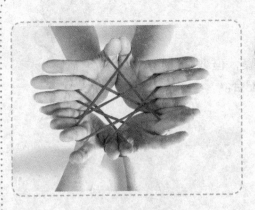

**7** B的另一只手中指取绳子。

先将双方右手合上。

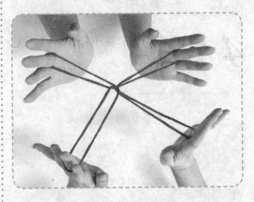

**8** 将所有套在拇指和小指上的绳子松开。

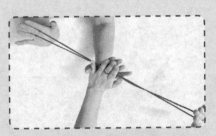

再合上双方左手，跟着拍手的节拍玩。这款游戏我们还给它起了另外一个名字叫做"打年糕"，你认为哪个名字更形象些呢？

完成

风车完成了，那风车到底是哪个国家的呢？让我来告诉你吧！有一种风景，静静地竖立在地平线上，远远望见，仿佛童话世界一般，那就是荷兰的风车。记住了吗？

完成

## 锯木头

非常简单的几个步骤，但要注意两个人在翻绳过程中的配合。

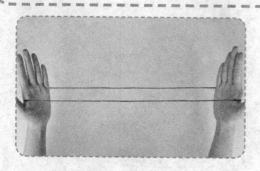

**1** 将绳套在双手的中指、示指、无名指和小指上。

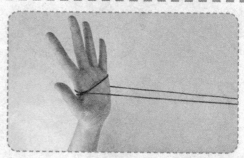

**4** 翻转后将绳子套在中指、示指、无名指和小指上。

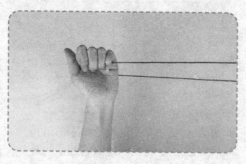

**2** 将左手除拇指外的四指弯曲。

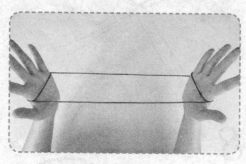

**5** 同时右手用相同方法翻转，这是双手翻转后的形状。

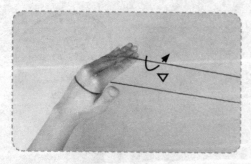

**3** 将弯曲的四指顺箭头方向插入▽中向上翻转。

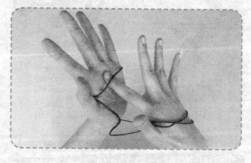

**6** 接下来用右手中指取左手掌上的绳子。左手中指取右手掌上的绳子。

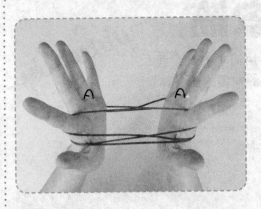

**7** 取完后就变成了这样。此时B准备取绳子。

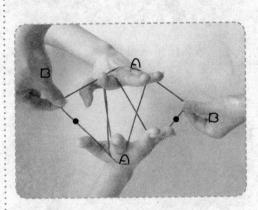

**8** B用双手取A手指上的●绳。

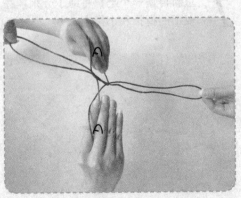

**9** 在B取A的绳子的同时，A将套在双手手背上的绳子脱离。脱离时要夹紧手指上的绳子。

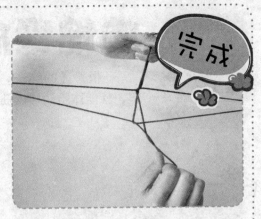

完成

**10** "锯木头"完成了，你们做好了吗？

教你玩
JIAONIWAN

玩法与拉锯方法相同

A拉紧时B就松。

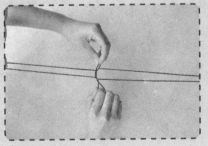

相反A松时B就拉紧。

# 伸缩橡皮筋

一根普通的绳子，用简单的几个步骤，就能体验到橡皮筋的伸缩的自由。

**方法一：**

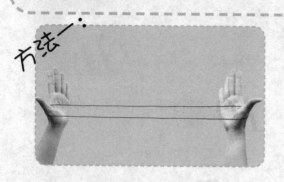

**1** 将绳子分别挂在双手的拇指上。

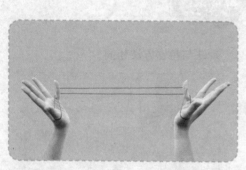

**2** 首先，用双手的小指将拇指上的两根绳子一起挑起来，挂在小指上。

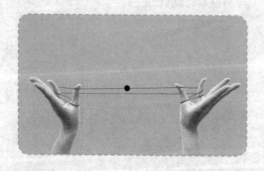

**3** 再用双手拇指将●绳挑取过来。

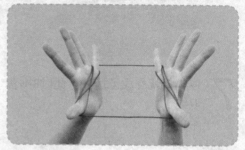

**4** 这么简单就可以完成一个"橡皮筋"。

**方法二：**

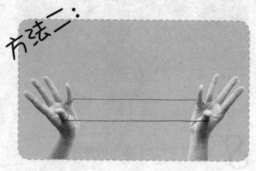

**1** 重新再做一个吧！将绳子分别挂在双手的拇指和小指上。

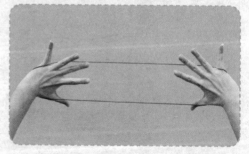

**2** 双手掌心向下。

*3* 翻转双手将掌心相对，随着手的翻转绳子套在拇指和小指上。

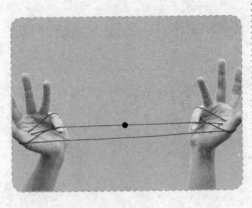

*6* 接下来用小指挑●绳。

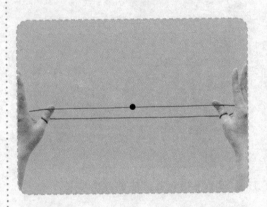

*4* 用双手拇指挑●绳。

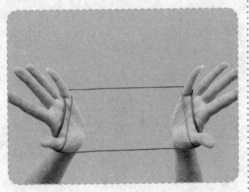

*7* 挑完整理一下。

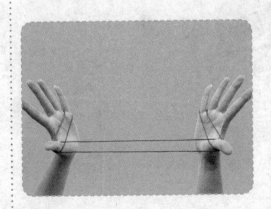

*5* 挑后的样子。

*8* 然后用双手中指取●绳。

**9** 取完后的样子，快要大功告成了。

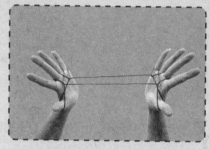

双手十指张开，皮筋就会缩短。

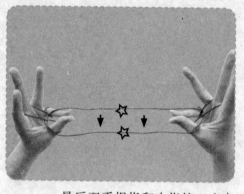

**10** 最后双手拇指和小指按→方向下压，这时套在手指上的☆绳子就会脱落下来。

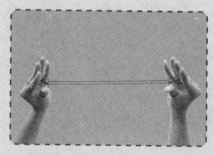

双手手指合并，皮筋就会变长。

完成

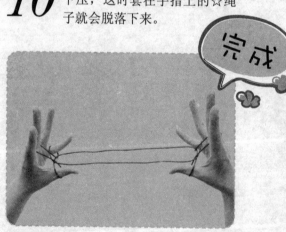

**11** 又一根皮筋完成了。

# 交通指挥信号灯

"红灯停，绿灯行，看见黄灯停
一停"学会看信号灯了吗？

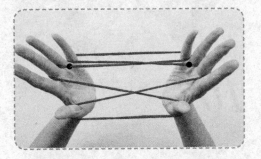

*1* 先做好中指基本手势，用拇指取●
绳。

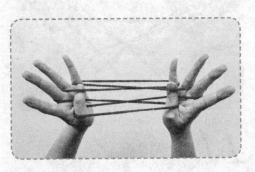

*2* 取绳的过程。

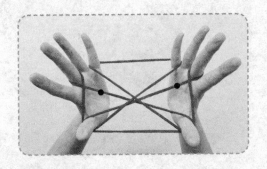

*3* 取完后，再用小指挑中指上●绳。

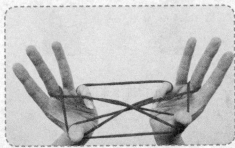

*4* 挑绳的过程。

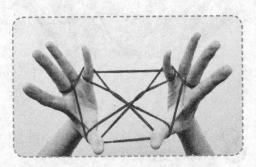

*5* 取完后的形状。

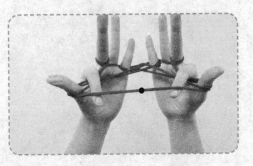

*6* 接下来示指弯曲，挑拇指上的●
绳。

51

**7** 然后将示指挑下来的绳子松开。

**10** 用左手将右手小指上☆绳子松开。

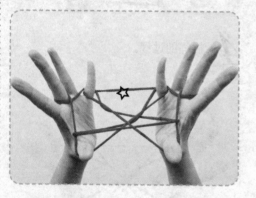

**8** 松开后就变成这样。准备将小指上☆绳子松开。

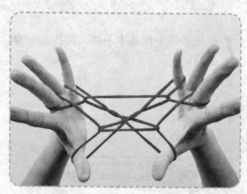

**11** 松开后整理一下。

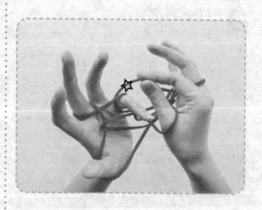

**9** 首先用右手将左手小指上☆绳松开。

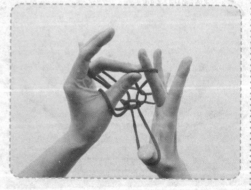

**12** 接下来，用左手将右手中指上的绳子取下。

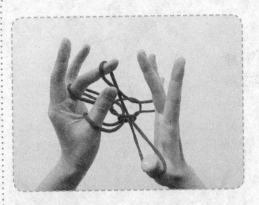

**13** 将取下来的绳子套在左手中指上。

完成

**16** 完成后将手指上的绳调整一下，信号灯就完成了。试着变换一下吧！

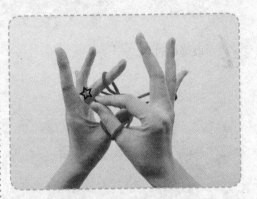

**14** 同样的方法，用右手将左手中指上的☆绳取下。

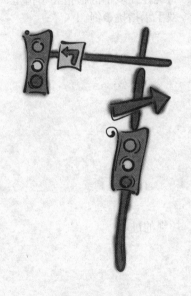

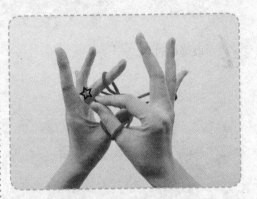

**15** 再将取下的☆绳套在右手中指上。

# 大嘴巴

难易度
★ ☆ ☆ ☆

趣味性
★ ★ ☆ ☆

人数：1人

这是个非常简单且有趣的翻绳游戏，主要步骤在第6步。

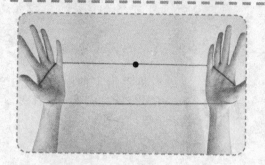

**1** 将绳挂在双手的拇指和小指上，用双手示指挑●绳。

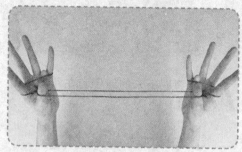

**4** 取绳的过程。

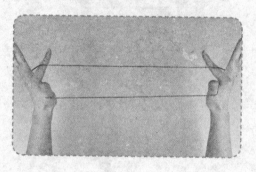

**2** 挑绳的过程。

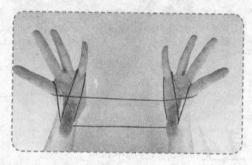

**5** 取完后的样子。

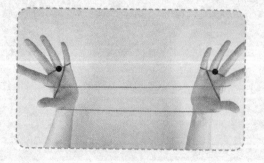

**3** 挑完后再用拇指挑●绳。

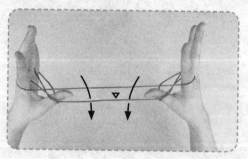

**6** 接下来将拇指插入▽中，插入后将拇指按→方向穿过。

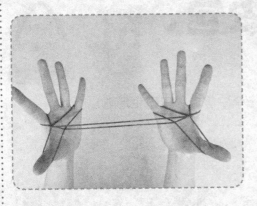

**7** 完成翻转后对照一下吧！

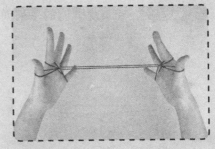

将手向外抻拉，嘴巴就会闭上。

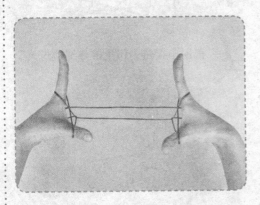

**8** 调整绳子大嘴巴完成了。

将手指分开，嘴巴就会张开。

完成

# 田野、皮包、沙漏

用我们的手来创造一个宁静温馨田园生活吧！

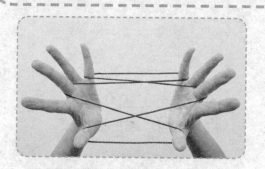

*1* 首先，做好中指手势的基本步骤。

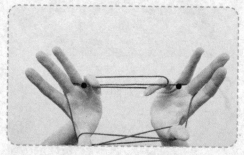

*4* 再用小指将中指上的●绳挑过来。

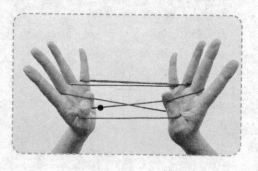

*2* 然后，用双手拇指将●绳挑起来。

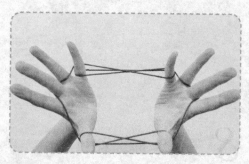

*5* 挑完后的样子。

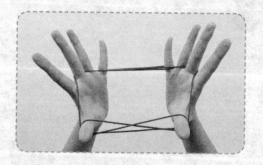

*3* 挑完后的样子。

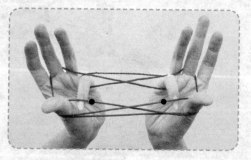

*6* 再用小指取拇指上●绳。

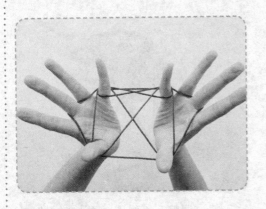

**7** 取完后上绳的形状。

**10** 用左手将右中指上的绳子取下来松开。

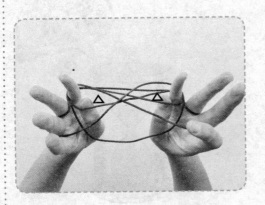

**8** 接下来将双手拇指伸入△中。

**11** 松开后一个皮包完成了。

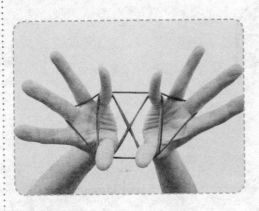

**9** 整理一下。

完成

**12** 将右手中指上的绳子松开。

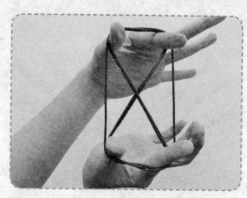

**14** 调整一下绳子，再与"田"对照一下，怎么样？沙漏完成了。

完成

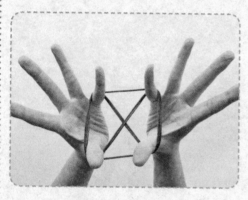

**13** 松开后绳子都挂在拇指和小指上。享受一下田园的生活吧！

完成

# 抽绳

难易度
★ ★ ★ ★

趣味性
★ ★ ★ ★

人数：1人

同像皮筋一样好玩的翻绳游戏，不过这款游戏可以在沉迷橡皮筋伸缩之时，给你意想不到惊喜。

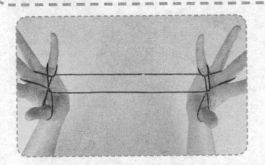

*1* 首先以50页"橡皮筋方法二"结束手势为开端。

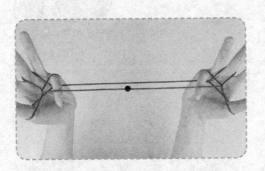

*2* 然后用小指挑●绳。

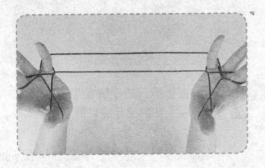

*3* 挑完后的样子。

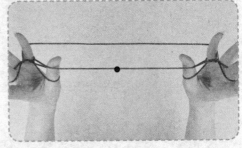

*4* 接下来，用拇指挑●绳。

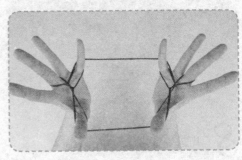

*5* 挑完后准备将双手中指上的绳取下松开。

*6* 首先用右手将左手中指绳子取下。

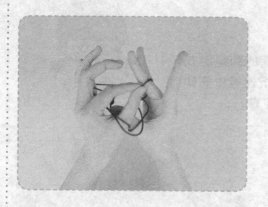

**7** 再用左手将右手中指的绳子取下。

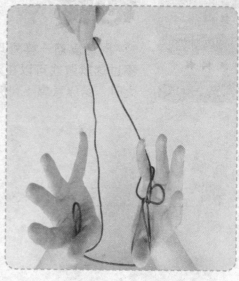

**9** 拉开的过程。

完成

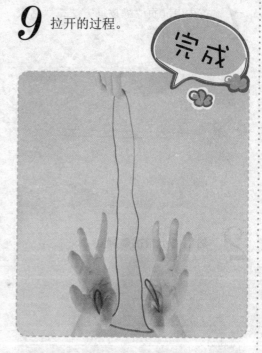

**8** 由另外一个人将●绳拉开。

**10** 意想不到的事情发生了，咦？绳子竟然松开了！很吃惊吧？

二、快乐进阶篇

## 螃蟹

| 难易度 |
|---|
| ★★☆☆ |

| 趣味性 |
|---|
| ★★★☆ |

| 人数：1人 |
|---|

"螃呀么螃蟹哥，八呀八只脚，两只大眼睛，一个硬壳壳小螃蟹。"快来一起变只螃蟹哥吧！

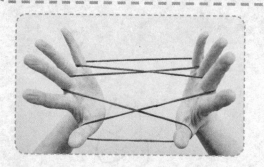

*1* 先做一个中指基本手势的步骤。

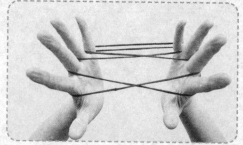

*4* 绳绕过后的形状。

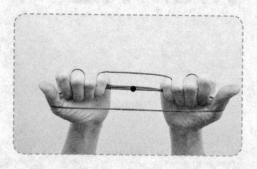

*2* 再用示指、中指、无名指、小指握住●绳。

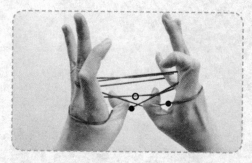

*5* 拇指压住●绳，用拇指指尖挑小指上的〇绳。

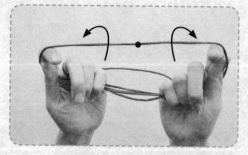

*3* 然后将拇指上●绳子按→方向绕到示指、中指、无名指、小指的后面。

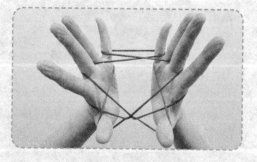

*6* 挑好后的样子。

**7** 接下来用右手将左手背上的绳子松开。

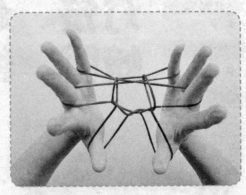

**10** 松开后的样子。

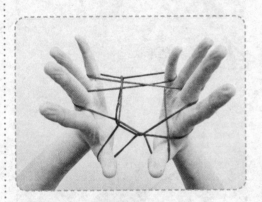

**8** 左手绳子松开后的样子。

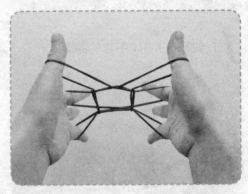

**11** 将手指转向前，八只脚的小螃蟹完成了。

**9** 再用左手将右手背上的绳子松开。

完成

# 灯笼、女孩、螃蟹、蝴蝶结

魔幻世界真奇妙，想成为像哈利波特一样具有魔法的人吗？那就跟我一起进入这所魔法学校吧！

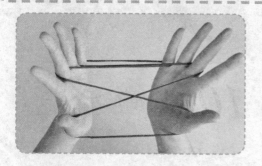

*1* 做好中指基本手势的步骤。

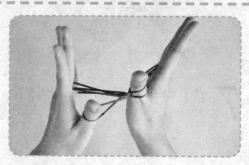

*4* 挑完后的形状。

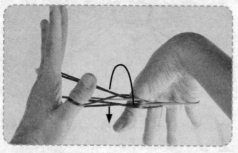

*2* 将右手的手掌向外旋转。右手按→方向旋转，用拇指将所有的绳子挑起来。

*5* 挑完后准备用左手拇指取●绳。

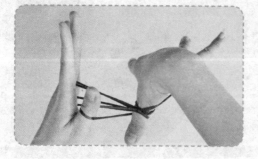

*3* 挑绳的过程。

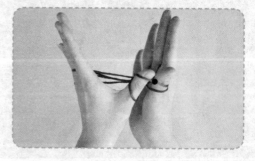

*6* 左手拇指由下往上取右手拇指上●绳。

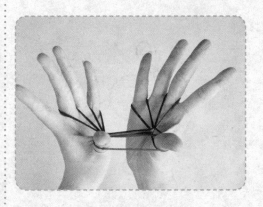

**7** 双手互相取完后的样子。

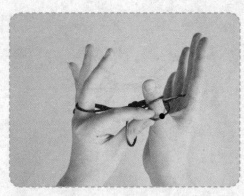

**10** 再用同样的方法，左手将右手拇指上的●绳取下。

**8** 用右手拇指和示指将左手拇指上的●绳取下。

**11** 再将取下来的绳松开。

**9** 将取下的绳松开。

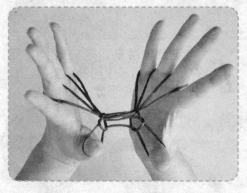

**12** 这时将手指张开。

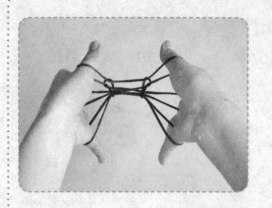

**13** 调整一下，完成一只螃蟹。

完成

**15** 抽出手，将绳子放到桌子上，整理一下，Good！大红灯笼完成了。

完成

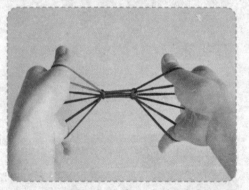

**14** 还没有结束。轻轻地拉下绳子，使绳子中间没有空隙，看到了吗？一个漂亮的蝴蝶结。

完成

**16** 继续调整，将最下面的一根绳向下拉，看！是梳着小辫的小女孩子。

完成

# 小乌龟、战斗机

电影《变形金刚》风靡一时，今天我们就用手中的绳做一回强悍的变形金刚吧！

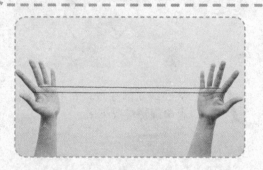

**1** 首先把绳子挂在双手示指上。

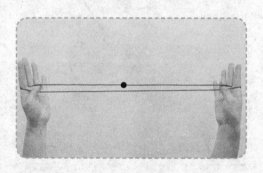

**2** 双手拇指将●绳取过来。

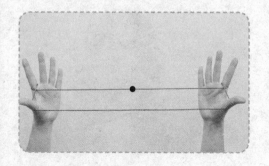

**3** 再用小指将●绳取过来。

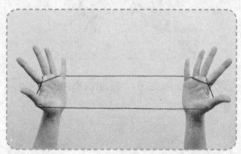

**4** 准备将左右手示指上的绳子交换。

**5** 首先用左手取下右手示指上的圈圈，套在左手的示指上。

**6** 同样的方法，取下左手上的圈圈，之后越过刚刚套上的圈圈。

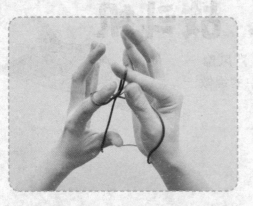

**7** 将刚刚取下的圈圈再套在右手的示指上。

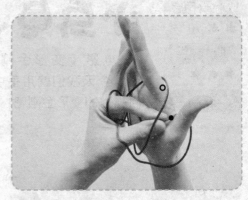

**10** 从〇绳底部穿过，将右手拇指上●绳慢慢取下来。

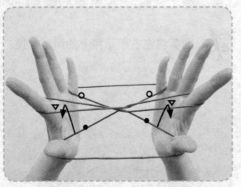

**8** 圈圈套完后就变成这样子了。准备将●〇绳从▽中按→方向取过来。再将取出的绳子套回原来的手指上。

**11** 再从▽中拉出来。

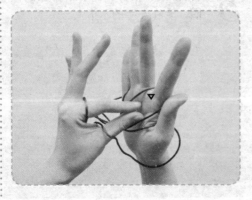

**9** 首先将手指插入▽中。

**12** 取的过程中注意不要将绳子扭曲。

**13** 将取出来的绳子重新套在原来的拇指上。

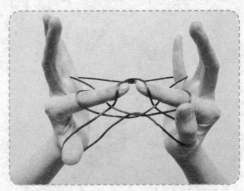

**16** 双手同时将绳子向上挑起。

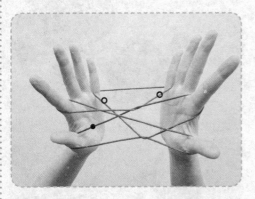

**14** 以同样的方法，将其他的●○绳放回原来的手指上。

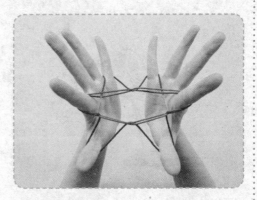

**17** 挑后的样子。

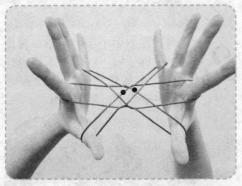

**15** 仔细检查一下喔！不然就功亏一篑了。接下来，准备用示指挑●绳。

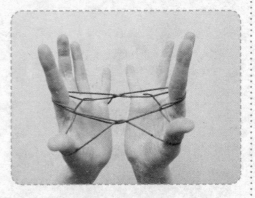

**18** 还剩最后两步了，小心地将双手示指上最下面的绳松开。

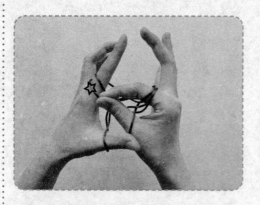

***19*** 先用右手的拇指和示指捏住☆绳。

***20*** 将捏住的绳慢慢地从示指上取下来，松开。

***21*** 用同样的方法将右手上☆绳松开。

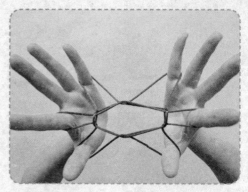

***22*** 最后将示指的绳子左右整理，哇！小乌龟爬过来了。

***23*** 将挂在右手小指、示指、拇指上的绳子取下，用右手将绳拉直，小乌龟就像变形金刚一样，变成了一架战斗机。

# 变化多又多

想成为动画片中功夫高强的忍者神龟吗？那就快来测试一下自己的本领吧！

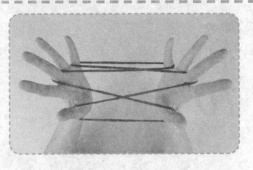

*1* 先做好中指的基本步骤。

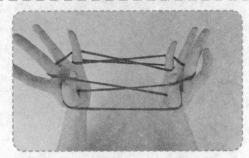

*4* 拇指取绳的过程。

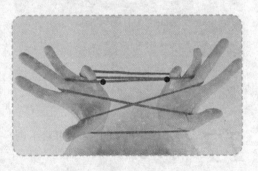

*2* 首先，用小指取●绳。

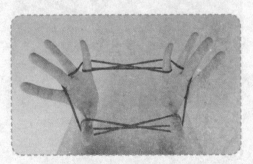

*5* 这是取后的形状。

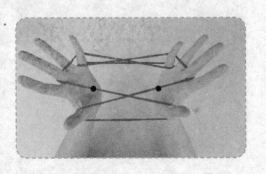

*3* 然后，再用拇指取●绳。

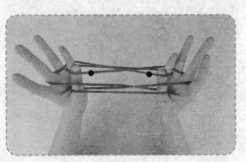

*6* 接下来，再用拇指取小指上的●绳。

**7** 取完后双手中间形成一个"×"。

**10** 取后的形状。

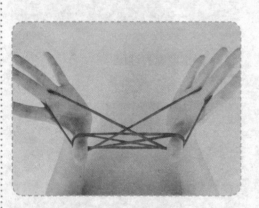

**8** 松开小指上所有的绳子。

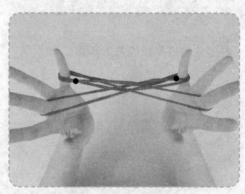

**11** 松开拇指的绳子，再用双手拇指挑起●绳。

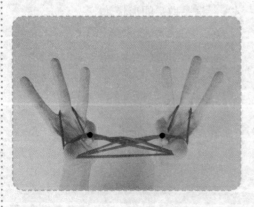

**9** 再用小指将拇指上的●两根绳子同时取过去。

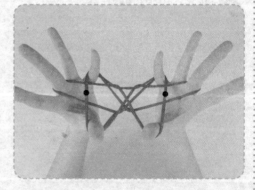

**12** 准备用双手的中指将对面●绳挑起来。

*13* 首先用右手中指挑左手上的●绳。

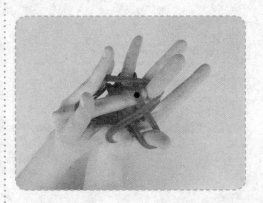

*14* 同样方法用左手中指挑右手上的●绳。

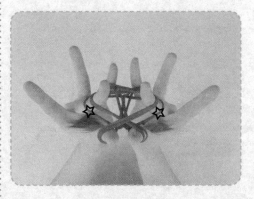

*15* 挑完后就变成这样子。接下来准备将绳☆松开。

*16* 首先用右手将左手中指的绳松开。

*17* 同样松开右手中指上的绳。

*18* 松开后观察一下，看看，像不像一座高架桥呀？注意小指要钩住绳子，否则绳子就会散开。

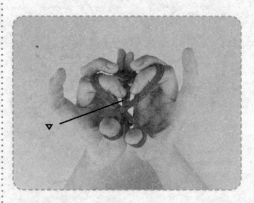

**19** 双手的中指弯曲插入▽里。

**21** 松开中指上的绳子。

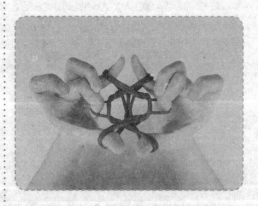

**20** 将中指钩住的绳子左右拉开。
看像不像一只可爱的小乌龟？

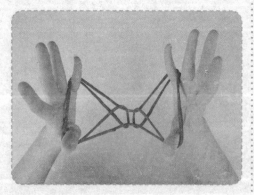

**22** 双手左右慢慢拉开乌龟要游走了。

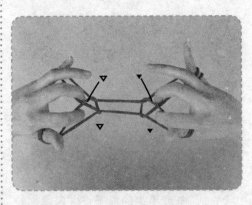

**23** 将双手的示指和中指分别插入▽和▼里。

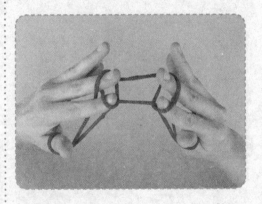

**24** 用指尖向上挑起来。

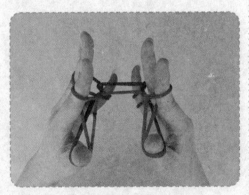

**26** 试试它的弹力吧！

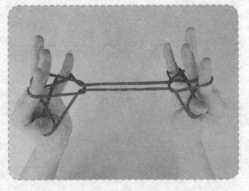

**25** 太棒了，一根皮筋又完成了耶！

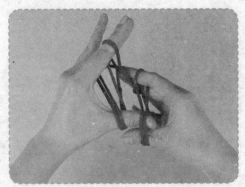

**27** 完成皮筋之后，我们还要继续。将左手的拇指插入右手拇指的绳子里，挑右手拇指上的绳子。

**28** 将挑下来的绳子再套在左手拇指上。

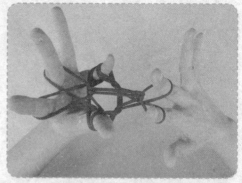

**31** 整理手中的绳子，并向两侧拉开，一架飞机正在空中飞行表演。飞机着陆，表演的太精彩了。

**29** 再将左手小指同27、28步一样，左手小指挑右手小指上的两根绳子。看起为比较复杂，但实际操作却很简单。

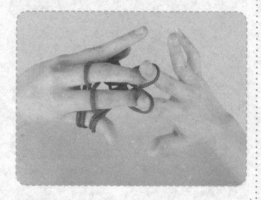

**32** 接下来用左手中指和示指指尖挑右手中指和示指上的绳。

**30** 挑下来的绳子再套在左手小指上。注意在挑绳子时不要将中指和示指上的绳脱落掉。

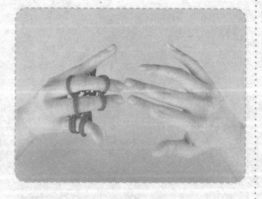

**33** 将挑下的绳套在左手的中指和示指上。

**35** 别急，我们的游戏还没有结束呢。接下来用右手将左手小指上的绳取下松开。

**34** 整理一下，一个仕女出现了。

**36** 再将左手拇指的绳取下松开。

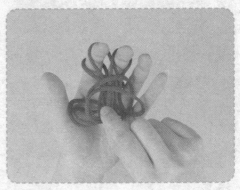

**37** 松开后整理一下。

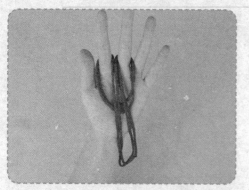

**38** 让中指和示指中间的绳子自然垂下来，咦！是一个"汤匙"。变化无处不在，更神奇还在后面，接着做下去吧！看看还有什么意想不到的事情发生。

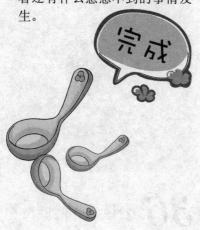

完成

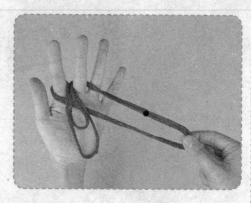

**40** 将●绳往下拉。

完成

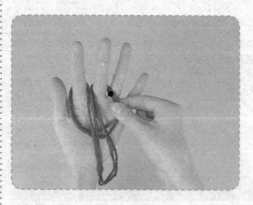

**39** 用右手握住●绳。

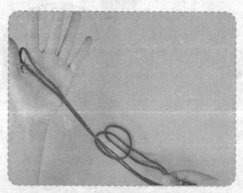

**41** 唰～"汤匙"不见了，左手上的绳子也解开了。感叹一下吧，"真神呀"！

# 单人挑战双人

都说人多力量大，凡事没有绝对，现在就让你见识一下，一个人是如何挑战双人的。

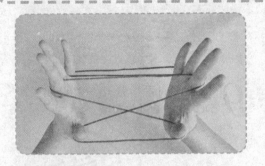

*1* 先做好中指的基本步骤。

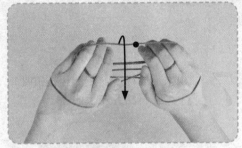

*4* 插入时将●绳放到手背上，手按→方向翻转。

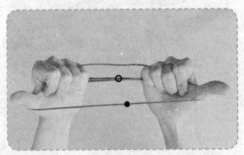

*2* 首先，用示指、中指、无名指、小指握住○绳，再用四指将●绳挑起。

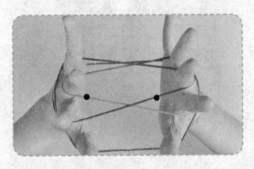

*5* 这是翻转后的样子。再用拇指取●绳。

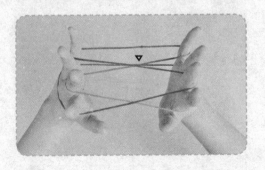

*3* 挑完后的样子。然后，把全部手指插入▽中。

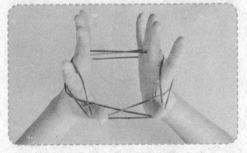

*6* 将小指、无名指和中指从绳中抽出来。

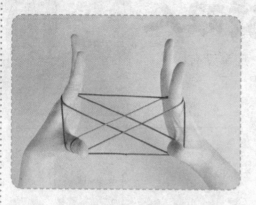

*7* 抽出来后的样子，是一片稻田呀！接下来，将松开左手的绳子。

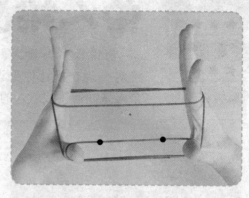

*9* 将插入的手指张开，就形成了小河。注意●绳的位置。

完成

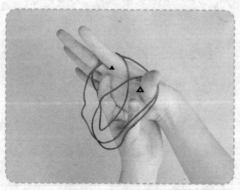

*8* 左手拇指和示指从绳下方分别插入△和▲中。插入时，由下往上将拇指插入△中，示指插入▲中。

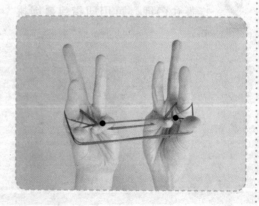

完成

*10* 现在用小指挑拇指上的●绳。

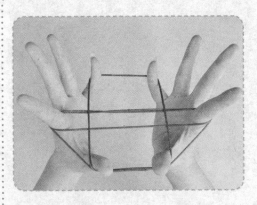

*11* 挑完后双手中间形成一个长方形。

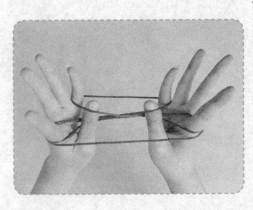

*14* 挑绳的过程。

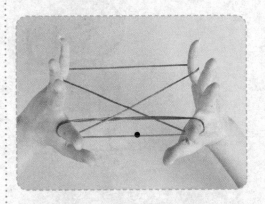

*12* 松开挂在拇指上的绳子，用拇指取●绳。

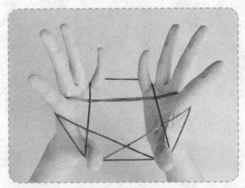

*15* 挑完后的形状。

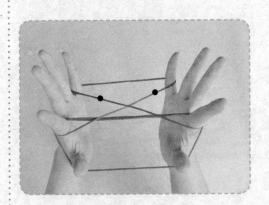

*13* 取完后的样子，再用拇指挑小指上●绳。

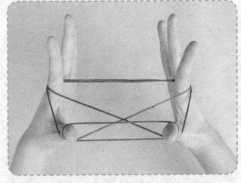

*16* 松开小指上的绳子。

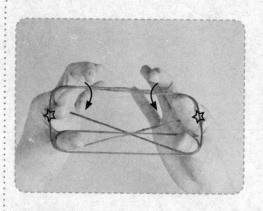

**17** 按→方向将示指上☆绳松开。

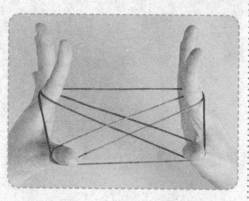

**20** 完成后又回到了第7步稻田。

完成

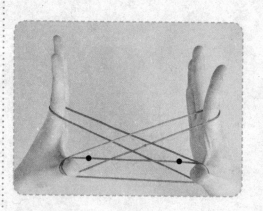

**18** 用示指挑拇指上●绳。

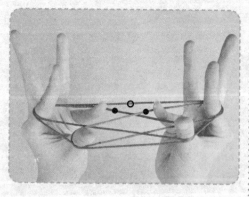

**19** 挑绳的过程。

**21** 接下来，用小指从〇绳下方取 ●绳子。

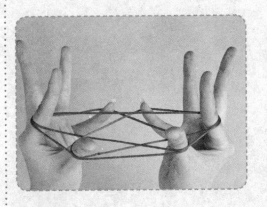

**22** 取绳的过程。

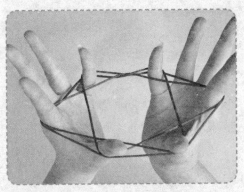

**25** 中间形成长方形。

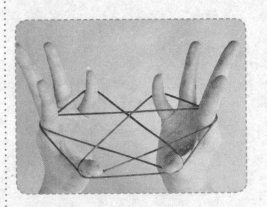

**23** 取完后的形状。

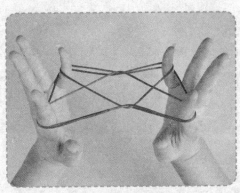

**26** 将挂在拇指上的绳子松开，一个大菱形出来了。

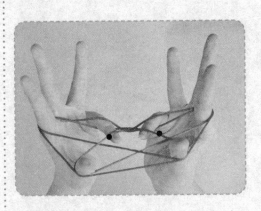

**24** 再用小指将●绳挑起来。

完成

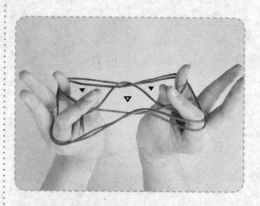

**27** 把拇指和示指在▼中捏到一起。从上往下插入▽中。

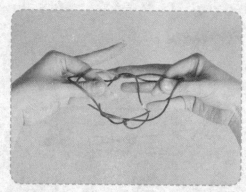

**30** 插入后手掌向自己身体的方向转动。

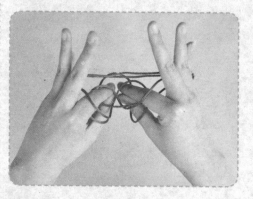

**28** 插入时要注意不要让其他手指上的绳脱落。

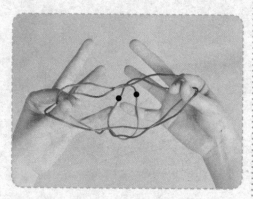

**31** 转过来后用小指挑●绳。

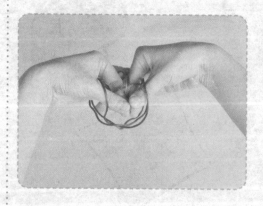

**29** 插入的过程要缓慢些。

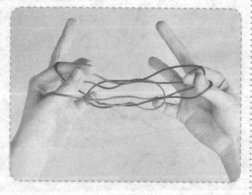

**32** 挑完后将绳抻直。

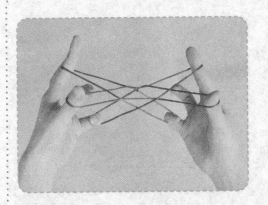

**33** 抻直后的样子。

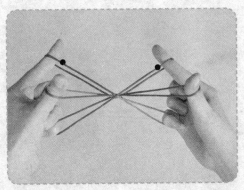

**35** 接下来，用拇指挑示指上的●绳。

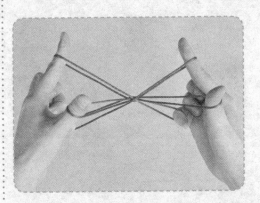

**34** 然后将中指、无名指、小指弯曲"朝鲜族长鼓"就形成了。

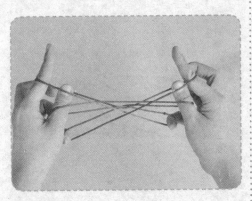

**36** 挑绳的过程。

完成

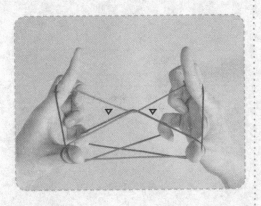

**37** 挑完后就形成了这样。示指弯曲，插入▽中。

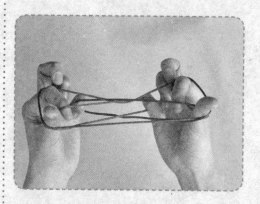

**38** 在插入过程小指要钩紧绳子防止滑落。

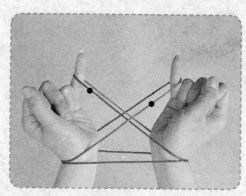

**41** 完成后手上出现了两个大"×"。用拇指挑●绳。

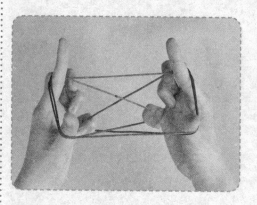

**39** 再将示指向上挑绳，一个叉叉就被套在了框中。

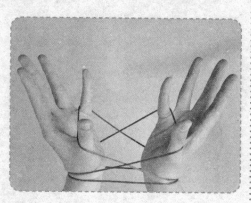

**42** 挑完后的样子。

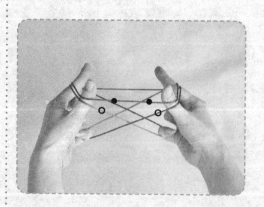

**40** 现在将●○绳套在双手手腕上，小指从中向上穿出。

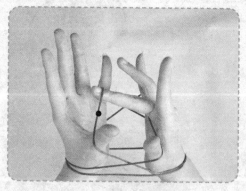

**43** 用右手中指挑左手无名指上的●绳。

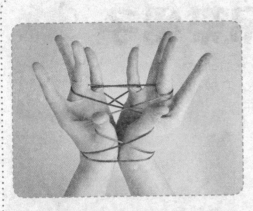

**44** 同样的方法用左手将右手中指上的绳子挑下来。

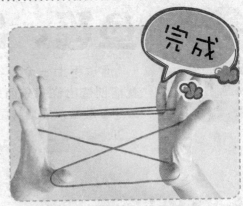

完成

**47** 绳子脱离后将手抬起，看，又回到了第1步"中指基本手势"。

**45** 双手合并。

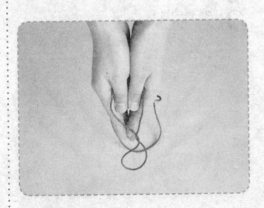

**46** 将手指垂下，这时手腕上的绳会自然脱离。

# 鱼篓、吊带裙子

通过手上一个不经意的动作
就能创造出许多东西来，只要你
敢想、敢做，成功就属于你。

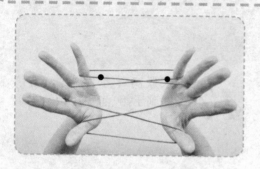

**1** 做好中指基本步骤。用拇指挑小指上●绳。

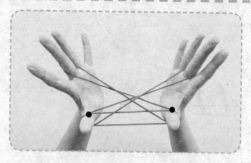

**4** 松开小指上的绳子。之后再用小指挑拇指上●绳。

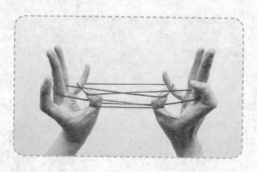

**2** 挑绳的过程。

**5** 挑绳的过程。

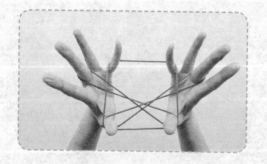

**3** 挑完后从上面看是一个长方形。

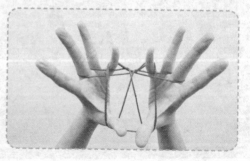

**6** 一个"人"字困在了长方形中。

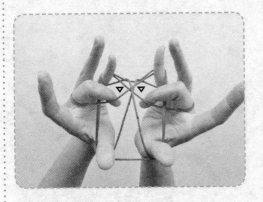

**7** 将中指插入▽中。

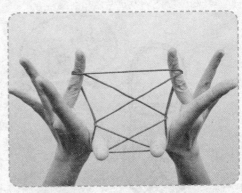

**10** 示指向上撑开，钩完后就成这样形状。

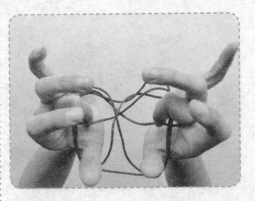

**8** 用插入的中指向左右两侧钩绳。

**11** 将手心转向自己。

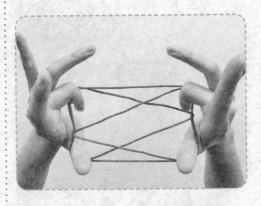

**9** 这时示指和小指上的绳自然脱落。

**12** 拇指和中指拉长绳子，鱼篓就完成了。

**15** 这时中指上的绳扭了一个圈。

**13** 接下来将套在中指上绳按→方向翻转。

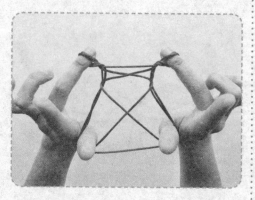

**16** 将手心相对，一条时髦的吊带裙子完成了。

**14** 在翻转的过程中，千万要小心，别让绳从中指上掉下来。

## 难易度
★ ★ ☆ ★ ☆

## 趣味性
★ ★ ☆ ★ ☆

人数：1人

# 蝴蝶

"蛱蝶飞来过墙去，应疑春色在邻家。"蝴蝶，深受历朝历代文人墨客的喜爱。

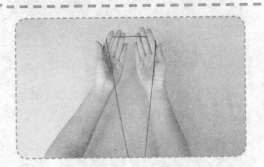

*1* 首先将绳挂在双手的示指上。

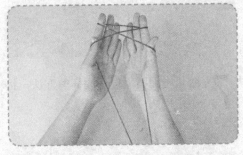

*4* 双手拇指钩完后将绳向左右抻开。

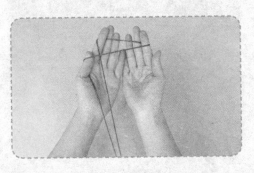

*2* 用左手的拇指指肚钩右手的绳。

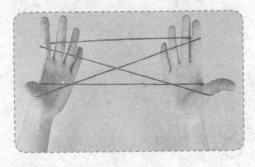

*5* 抻开后的样子。

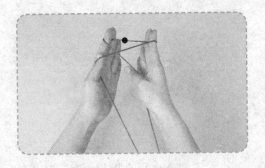

*3* 右手拇指钩左手上的●绳。

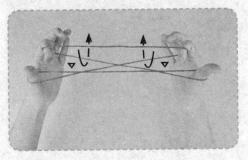

*6* 接下来，示指插入▽中按→方向转一圈。

91

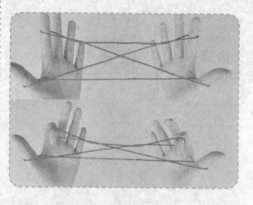

**7** 将示指回归原位。同样的方法，将示指再转一圈。

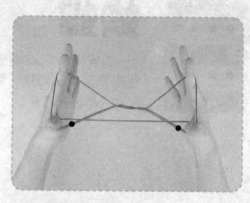

**10** 取完后将绳子拉直，再用中指取拇指外侧的●绳。

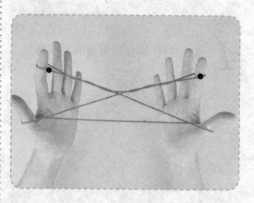

**8** 转完两圈后，拇指准备取●绳。

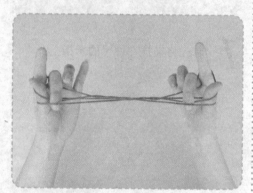

**11** 取绳的过程。

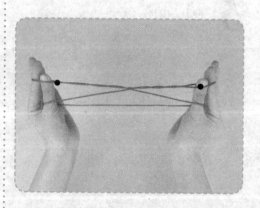

**9** 将拇指插入套在示指的绳中，取●绳。

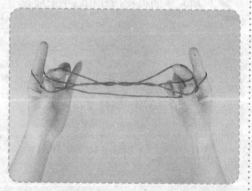

**12** 注意要用小指和无名指将其他绳子压住，中指指背将绳挑起。

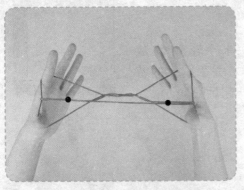

**13** 这时松开中指挑起的绳子，再用右手握住套在拇指上两条●绳。

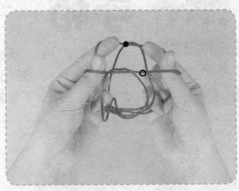

**16** 再用拇指和示指分别挑起●○绳子，其他手指在下面握住这两条绳子。

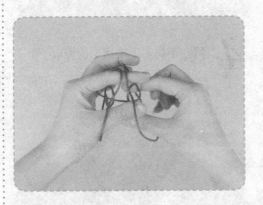

**14** 与此同时将右手上的绳子套在左手上。

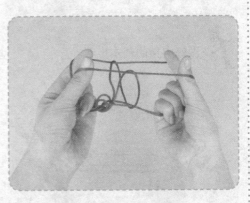

**17** 最后，将拇指和示指撑开，一只飞舞的蝴蝶就完成了。

**15** 这时左手也同时握住套在示指上的两条绳子，就像这样。

完成

<table><tr><td>难易度</td></tr><tr><td>★★☆☆</td></tr><tr><td>趣味性</td></tr><tr><td>★★☆☆</td></tr><tr><td>人数：1人</td></tr></table>

# 手帕

"丢，丢，丢手绢，轻轻地放到······"还记得《丢手绢》的游戏吧，用手翻一条手帕一起玩吧！

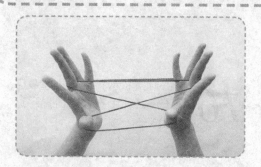

**1** 做好中指的基本步骤。

**4** 用左手将右手小指上的绳取下。

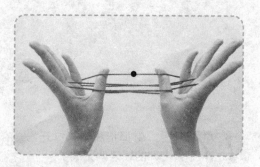

**2** 第一步用拇指压过其他绳将●绳挑过来。

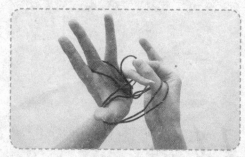

**5** 反过来用同样的方法将左手小指上的绳子取下。

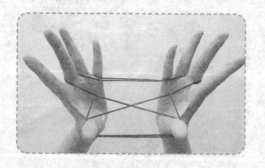

**3** 挑完后的形状。

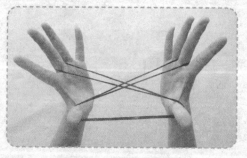

**6** 取下绳子后调整一下。

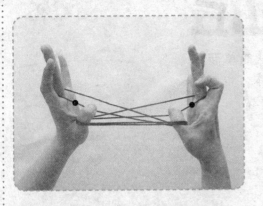

**7** 接下来是关键的一步，用拇指向下压住●绳。

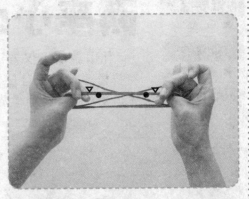

**10** 用中指和无名指将●绳夹住。注意▽的位置。

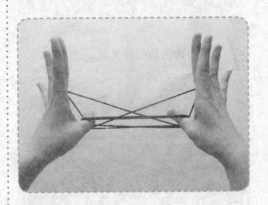

**8** 拇指弯曲，将绳钩住。

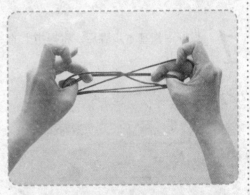

**11** 再把中指和无名指夹住的绳子向▽的位置推出，将挂在中指的绳脱落。

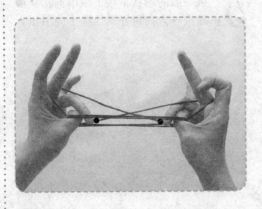

**9** 然后无名指插入♪绳下面。

完成

**12** 这时双手指向前方，手帕完成了。再看看，是否也像座山呢？

# 两座小山丘

| 难易度 |
| :--: |
| ★ ☆ ☆ ☆ |

| 趣味性 |
| :--: |
| ★ ★ ☆ ☆ |

人数：1人

翻山游戏不仅方法简单而且花样繁多，多来自日本，也是日本最受欢迎一种翻绳游戏。

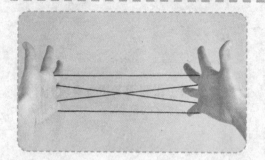

**1** 做好中指基本步骤后，将拇指上的绳松开。

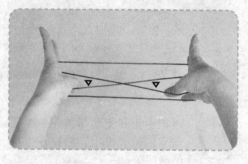

**2** 将手指指向前方，再把拇指插入▽中。

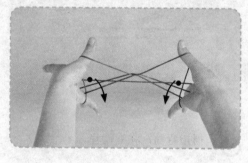

**3** 拇指避开〇绳向下压●绳。

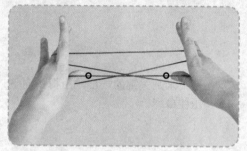

**4** 再用拇指将〇绳挑起。

**5** 挑完后的形状。接下来用拇指将●绳按→方向避开其他绳子向下压。

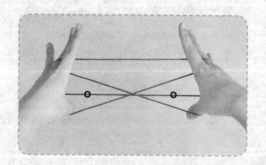

**6** 压●绳的过程。

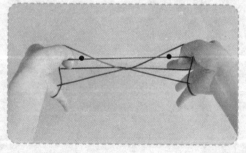

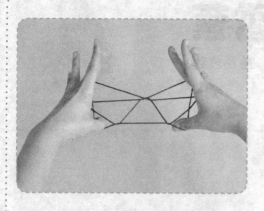

**7** 看一座小山丘就出现了。

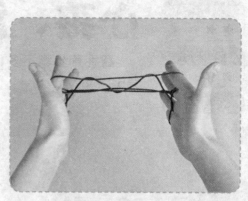

**10** 将手指伸直，两座山丘就出现在我们面前了。

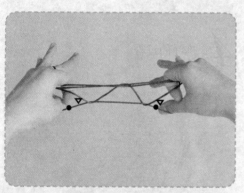

**8** 还差一座山丘呢！别着急，现在将示指插入▽中，将●绳用示指挑起来。

**9** 挑绳的过程。

# 小孩、香蕉

翻香蕉步骤不多，重点放到第6步和8步。

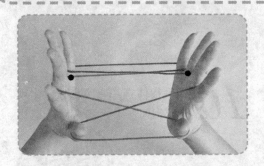

*1* 做好中指基本步骤。注意●绳的位置。

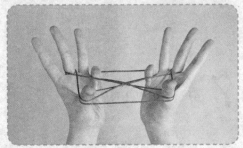

*4* 挑绳的过程。

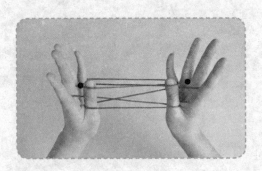

*2* 用将拇指取小指上●绳。

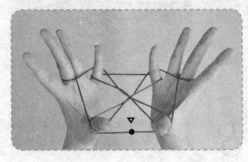

*5* 将拇指斜插入▽中。注意●绳的位置。

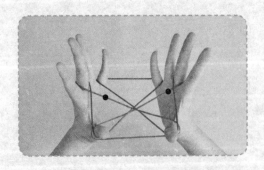

*3* 取完后成个正方形。小指将●绳挑起来。

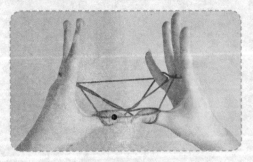

*6* 当拇指插入时●绳子会自然从拇指上脱离。

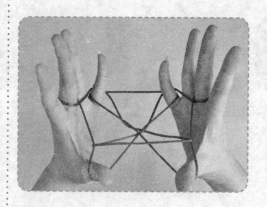

**7** 脱离后的样子。

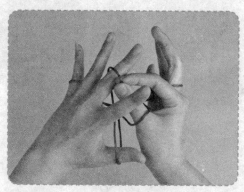

**10** 将左手中指上的绳松开。

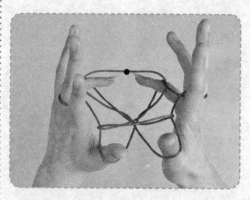

**8** 用6步同样的方法将小指上●绳脱离。

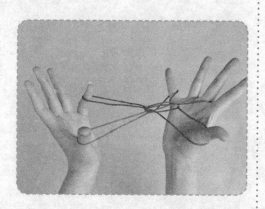

**11** 松开后将绳拉开。

**9** 变成了这样的形状。

**12** 一个小孩儿出现了。

完成

**15** 然后，将手指上的绳子放在平面上，将四个圈叠在一起。

**13** 再用左手将右手中指上的绳取下松开。

**16** 剥香蕉皮啰！一串香蕉完成了。看看还像什么呢？

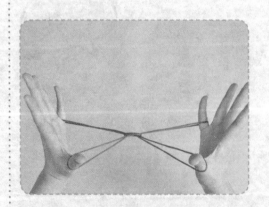

**14** 松开后，双手向两侧抻拉，使绳子的中间打个结。

难易度
★★★☆

趣味性
★★★☆

人数：1人

# 蜻蜓

蜻蜓是害虫的天敌，人类的朋友，也是世界上眼睛最多的一种昆虫。

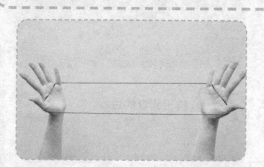

**1** 用双手的拇指和小指将绳子钩住。

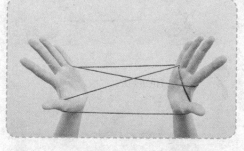

**4** 再将扭转后的绳子套在右手的示指、中指和无名指上。

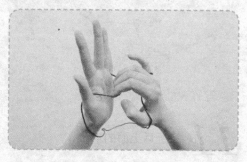

**2** 用右手的示指、中指和无名指钩取左手掌上的绳子。

**5** 同样的方法，用左手的示指、中指和无名指钩取右手掌上的绳子。

**3** 将取到的绳子按→方向向上扭转，使绳子交叉。

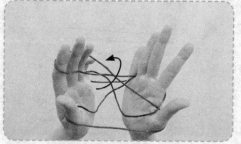

**6** 将取到的绳子按→方向向上扭转，使绳子交叉后套在左手的三根手指上。

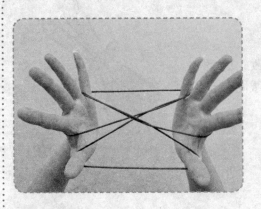

**7** 完成后的形状。

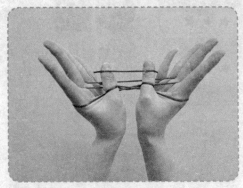

**10** 拇指钩取的过程。

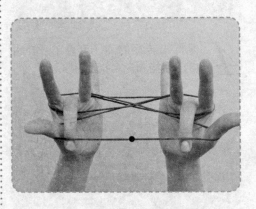

**8** 接下来用中指取拇指上的●绳。

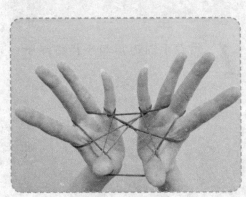

**11** 钩好后上面的形状。

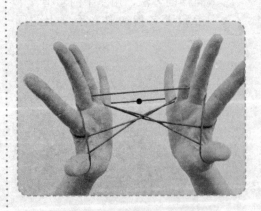

**9** 再用拇指钩小指外侧的●绳。

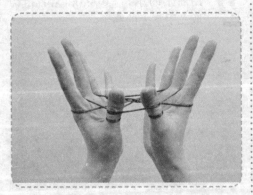

**12** 钩好后侧面的样子。

**13** 接下来把左手上拇指上的☆绳松开。

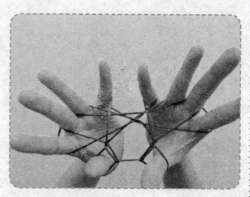

**16** 松开后的形状。

**14** 松开的过程。

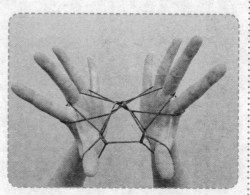

**17** 松开双手小指上的绳子。

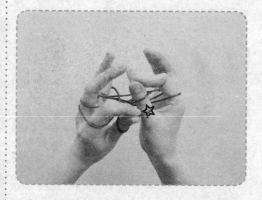

**15** 同上步骤一样，再将右手拇指的☆绳松开。

**18** 将左手中指上的绳子松开。

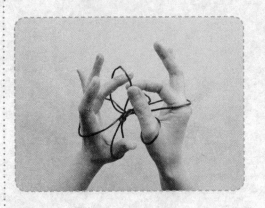

***19*** 再将右手中指上的绳松开。

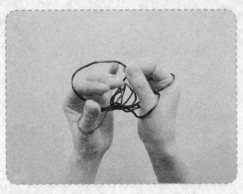

***22*** 同样，用右手将套在示指、中指和无名指上的绳子取下。

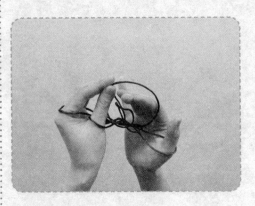

***20*** 然后用左手将套在示指、中指和无名指上的绳子取下。

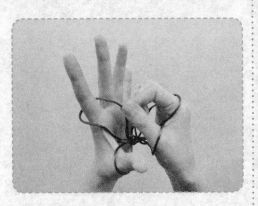

***23*** 取下后再挂在右手中指上。

***21*** 将取下来的绳挂在右手示指上。

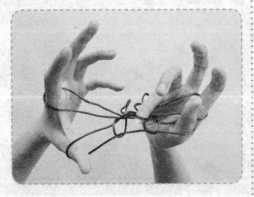

***24*** 用小指慢慢地解开在中央缠绕的绳子。

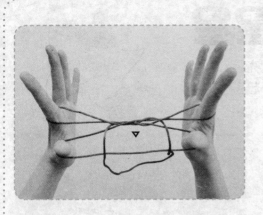

**25** 再将解开的绳子从▽中穿过。

很可爱吧！蜻蜓是益虫，我们要好好保护它呀！

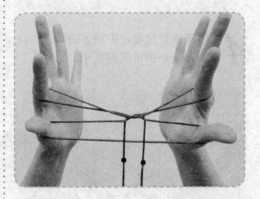

**26** 这时让你的嘴巴或请人帮忙，用嘴咬住穿过的●绳子。

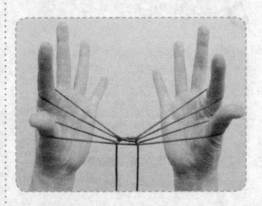

**27** 双手将绳子抻平，哇！一只"蜻蜓"完成了。

# 闪闪的星星

喜欢夜空中闪闪发亮的星星吗？那就跟我一起摘一颗吧！

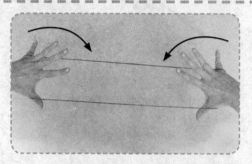

*1* 将绳子挂在拇指和小指上。双手朝下，按→方向旋转手掌，随着手的翻转●○绳套在小指和拇指上。

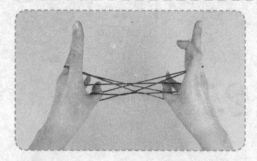

*4* 用拇指穿过套在中指上的绳子，从下方取小指内侧的绳子。

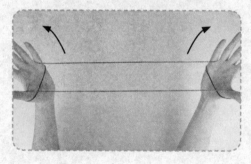

*2* 之后双手按→方向向上翻转手掌。

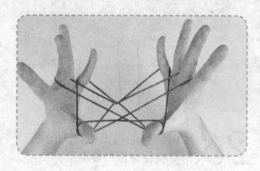

*5* 取完后的样子。

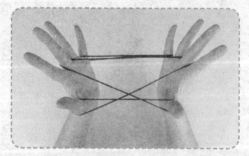

*3* 双手用中指取对方掌心的绳子。相互取完后将绳子拉直。之后再用拇指取小手指内侧的绳子。

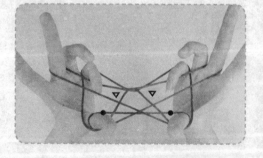

*6* 双手小指插入▽里，准备从下面取出●绳。

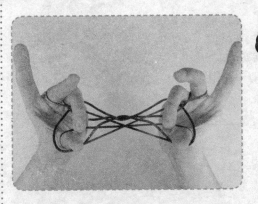

**7** 用无名指和小指夹住要取的绳子，慢慢地将绳子取出来。

1．将中指插入▽中。

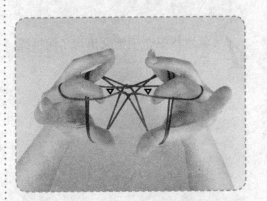

**8** 接下来，将中指插入▽中。

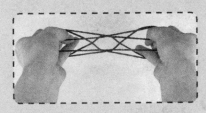

2．插入后将手掉转方向。

完成

3．当手指聚在一起时星星就熄灭了。

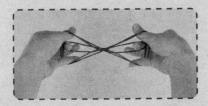

4．当手指分开时，星星就在闪烁。

**9** 插进后松开中指上的绳子，调整一下闪闪的星星完成了。

# 眼睛 I

一个能眨眼的翻线游戏，跟"像皮筋"的游戏有一点相似哦！

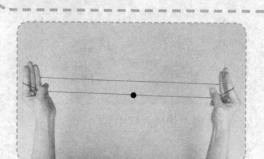

**1** 先将绳子挂在示指、中指和无名指上。用拇指压住●绳。

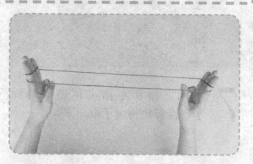

**4** 就这样三个手指就出现了两层绳子。

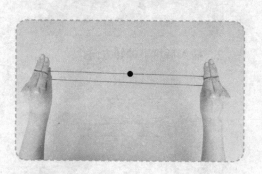

**2** 将●绳挑起。

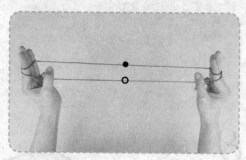

**5** 再用拇指压过○绳，取●绳。

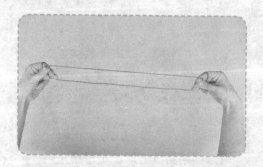

**3** 再将挑起的绳子缠绕在三个手指上。

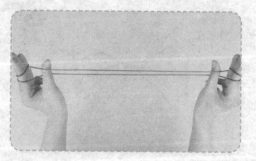

**6** 取完后的样子。

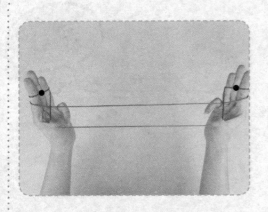

*7* 接下来用拇指取●绳。

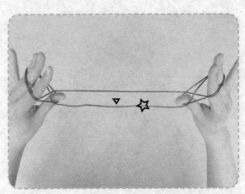

*10* 然后将双手拇指斜插入▽中，并将☆绳脱落。

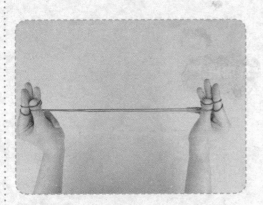

*8* 取绳的过程。

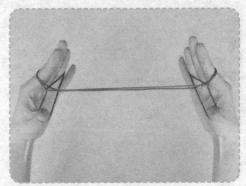

*11* 整理后的样子。

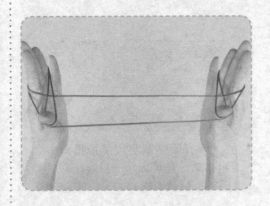

*9* 取完后的样子。

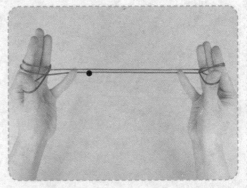

*12* 此时再用小指取●绳。

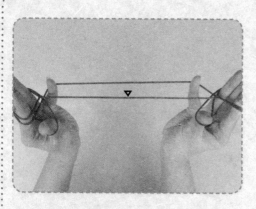

**13** 取完后的形状。注意▽的位置注意。

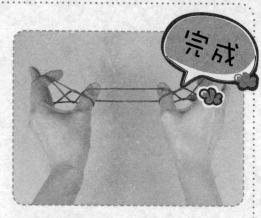

完成

**16** 看看吧！眼睛完成了。

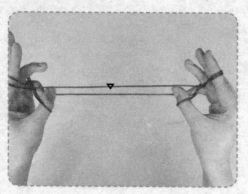

**14** 这时将拇指插入▽中。

教你玩
JIAONIWAN

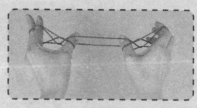

1. 想要闭上眼睛就将双手向两侧移动。

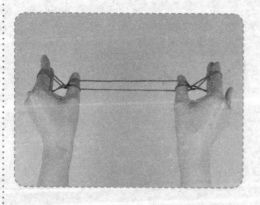

**15** 松开小指上的绳子。

2. 睁开眼睛就将双手拇指向中间移动。还可以睁一只眼闭一只眼呀，试试看吧！

# 眼睛2

又一个有趣的眼睛翻绳游戏，不过这回可是凶狠"独眼海盗"的眼睛。

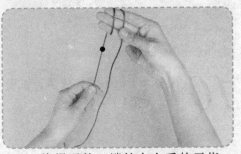

*1* 将绳子的一端挂在右手的示指、无名指和中指上，另一端垂下来。用左手将●绳再缠绕在三根手指上。

*4* 将取下来的绳子套在拇指上。

*2* 这时将左手上的绳子挂在右手拇指指背上，之后松开左手上的绳子。

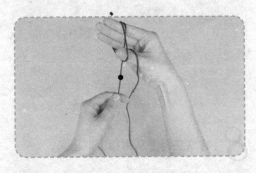

*5* 接下来用左手捏住●绳。

*3* 再用左手取●绳。

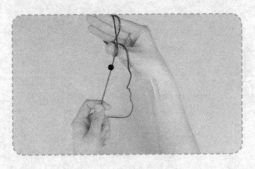

*6* 将●绳按→方向套在拇指上。

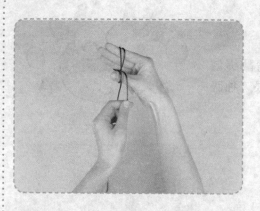

**7** 左手再捏住垂下来的另一条绳子。

完成

**10** 调整一下，眼睛完成了。试着眨一下吧！

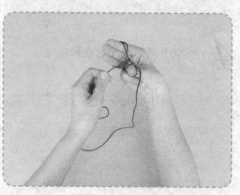

**8** 将这条绳子从拇指上取下来。

教你玩
JIAONIWAN

1. 左手拉一下绳子，眼睛就闭上。

**9** 取完后左手捏住垂下来的两条绳子向下拉直。

2. 松开绳子眼睛睁开。加快点速度，就像眨眼了。

# 菊花

九月是菊花盛开的季节，各色各样的菊花让人目不暇接，如果喜欢就亲自做出一朵吧！

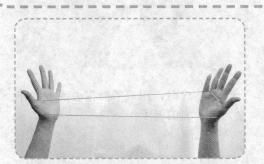

*1* 把绳分别挂在左手的拇指和右手的拇指、小指上。

*2* 用左手小指按→方向钩右手掌心的绳子。

*3* 钩到的绳后的形状。

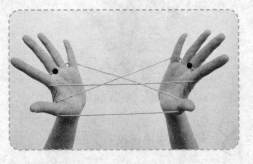

*4* 用示指挑小指内侧●绳。

*5* 下一步，准备用中指挑●绳。

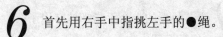

*6* 首先用右手中指挑左手的●绳。

113

**7** 挑后的形状。

**10** 这时，用双手拇指去挑小指外侧的绳子。

**8** 再用左手中指挑右手的●绳。

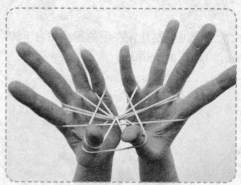

**11** 你做对了吗？

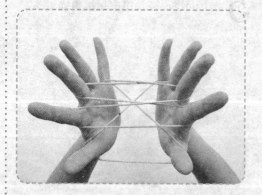

**9** 看，挑后的十个手指都挂有绳子。

**12** 接下来，让我们慢慢地将拇指上☆绳子松开。

完成

**13** 松开过程，此时不要着急，保持耐心。

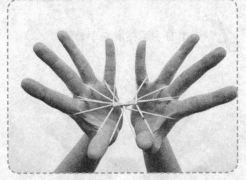

**14** 对照一下，上下活动手掌，慢慢地将绳子的结集在两手中央。

**15** 最后将双手手指向前方，菊花完成了。

# 落日、皇冠、仕女

这款游戏在太阳出现时不能用力拉绳子，否则就不会出现落日的景色了。

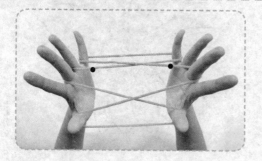

*1* 做好中指基本手势。

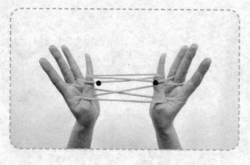

*2* 用拇指指背挑●绳。

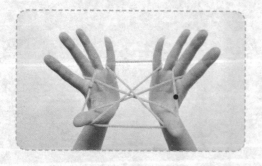

*3* 再用示指挑●绳。

*4* 先用右手示指取左手●绳。

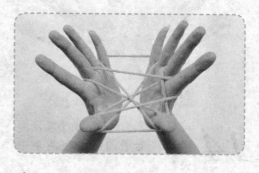

*5* 将取到的绳子套在右手示指上。

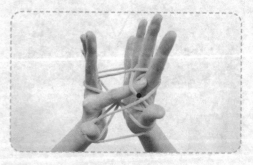

*6* 再用左用示指取右手●绳。

**7** 接下来准备松开☆绳。

**10** 同样方法，右手拇指捏住的☆绳从其他绳子上翻过后松开。

**8** 注意观察，用左手将右手拇指的☆绳捏住，从其他绳子上翻过后松开。

**11** 松开绳的过程。

**9** 松开绳的过程。

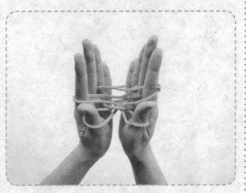

**12** 马上就要大功告成了。注意了，轻拉绳不要用力。

**13** 将手指指向前方，OK！太阳落山啰！

1．将双手小指合并，太阳就会从云中出小脑袋。

2．分离小指，太阳就会渐渐地落下。

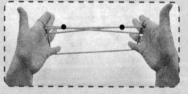

3．等太阳落下后，松开拇指上的绳子，再用拇指将●绳挑起。

4．挑起后就变成了一个美丽的皇冠。

5．将皇冠轻轻放在平面上，调整一下，美丽的宫廷仕女出现了。

# 蚊子、花

天气热了，蚊子来了。一场人蚊大战拉开了序幕。今天，就让我们用双手来为这场旷日持久的人蚊之战画上圆满的句号吧！

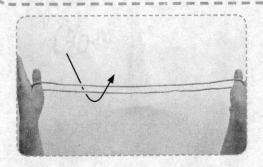

**1** 将绳子挂在左右手的拇指上。左手按→方向旋转。

**4** 钩起来后，两手手掌相对。

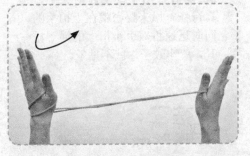

**2** 左手按→的方向手掌相对，此时，将绳子套在手腕上。

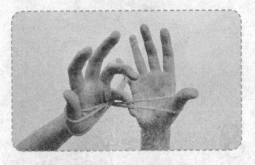

**5** 再用左手的小指将右手拇指上的绳一起钩起来。

**3** 用右手小指将左手手腕上的●绳钩起来。

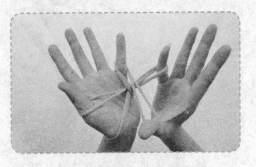

**6** 这是钩起来后的样子，做对了吗？

**7** 接下来小心地把挂在左手背上的☆绳松开。

## 玩法一:

"啪"

1. 双手"啪"的一声拍击。

2. 随着拍击小蚊子被消灭了,真奇怪？原来秘密就在于拍手的同时迅速将双手小指上的绳子松开,"小蚊子"就不见了。

**8** 松开的过程。

完成

## 玩法二:

1. 将完成的"小蚊子"慢慢地放在平面上。

**9** 松开后将两手向两侧拉紧,OK!"小蚊子"出来了。"嗡嗡",好吵啊!

2. 整理一下松开的绳子,看!"小蚊子"变成了一朵小花。

三、智斗难关篇

# 渔网、琴、推子

不要被这么多的游戏步骤吓到，要像"小马过河"那样亲手操作一下，那样你会发现游戏其实很简单。

*1* 先把绳子的一端套在左手拇指和小指上，另一端右手握住。

*4* 再用左手中指挑右手手掌上绳子。

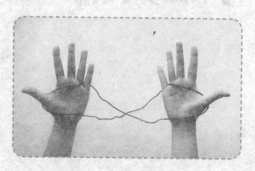

*2* 绳子交叉，再套在右手拇指和小指上。

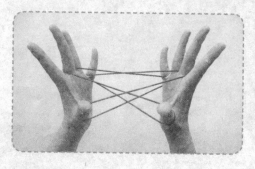

*5* 挑完后的样子。

*3* 用右手中指挑左手手掌上的绳子。

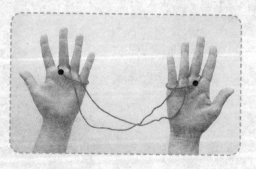

*6* 将拇指上的绳子松开，准备取●绳。

**7** 用右手示指挑左手中指上绳子。

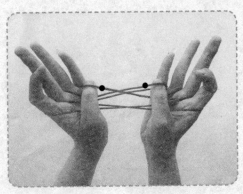

**10** 用拇指取小指上的●绳。

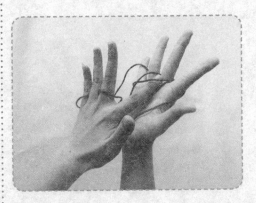

**8** 再用左手示指挑右手中指上的绳子。

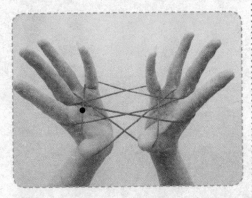

**11** 取完后的形状。用右手示指和中指将左手上的●绳挑过来。

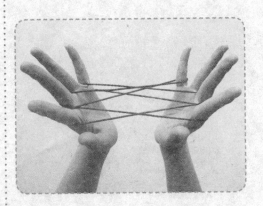

**9** 然后，将手指上的绳子全部抻开。

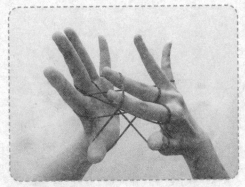

**12** 挑绳的过程。

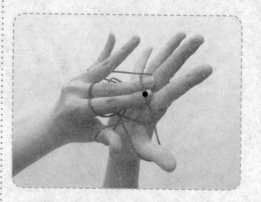

**13.** 用左手示指和中指挑右手上的 ●绳。

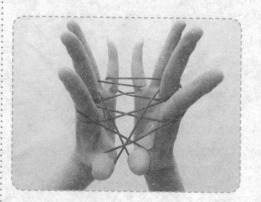

**14** 调整一下绳子。

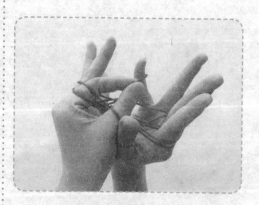

**15** 接下来将右手小指上原来拧着的绳子取下。

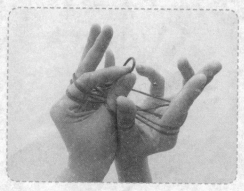

**16** 将拧着的绳子打开再重新套在右手的小指上。

**17** 套完后将绳子抻直。

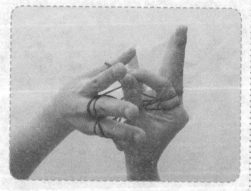

**18** 再将左手小指上的绳子取下。

**19** 将取下拧着的绳子打开，重新套在左手小指上。

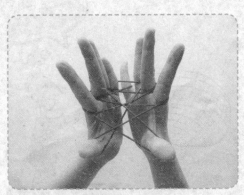

**22** 套完后的样子。

**20** 再将绳子拉直。

**23** 同样将右手示指上的绳子取下打开拧着的绳子，再套回示指上。

**21** 同样方法，将右手指上的绳子取下，再将取下拧着的绳子打开，重新套在右手拇指上。

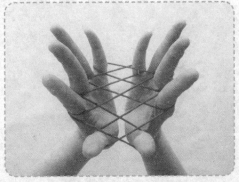

**24** 拇指、中指、小指的绳子都重新套完后，将绳子撑开像不像捕鱼的网？

**27** 再将右手手背上☆绳子取下来松开。

**25** 然后用右手将左手手背上☆绳子取下来松开。

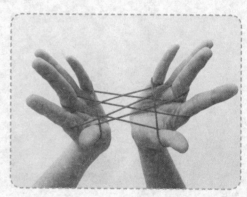

**28** 这样，民族乐器古筝就完成了。

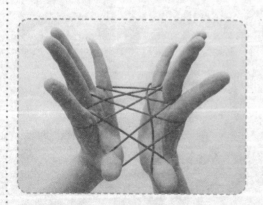

**26** 松开后的样子。

**29** 用右手将左手中指上绳子取下。

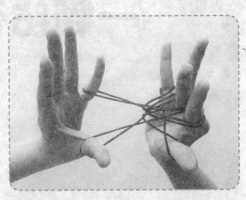

**32** 将取下的绳子套在右手示指上，拉紧绳子。

**30** 将取下的绳子套到右手中指上。

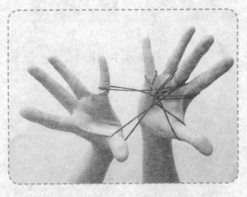

**33** OK！一把剃头推子就完成了。

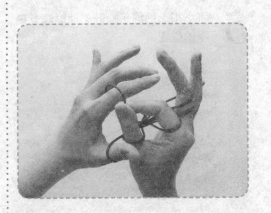

**31** 再将左手示指上的绳子取下。

完成

# 一颗钻石

这款很简单的游戏，可以变出美丽的钻石。

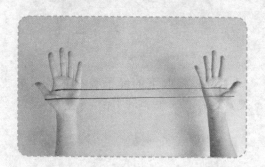

*1* 将绳子挂在双手拇指上。

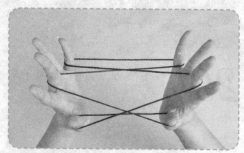

*4* 取完后的形状。

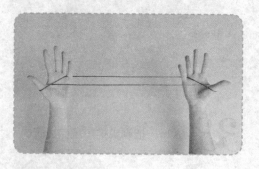

*2* 用小指取拇指外侧的绳子。

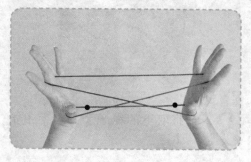

*5* 将小指上的绳子松开。此时注意●绳的位置。

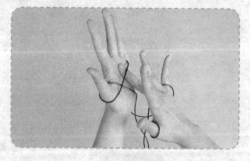

*3* 用右手中指取左手掌上的绳子，再用左手中指取右手掌上的绳子。

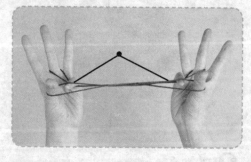

*6* 再用小指取●绳子。

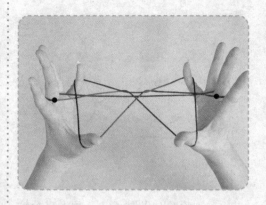

**7** 之后再用拇指挑●绳。

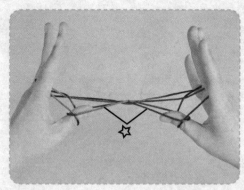

**10** 插入后松开拇指上☆绳子。

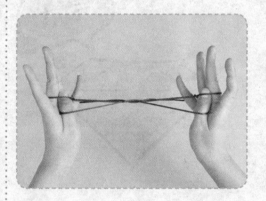

**8** 挑绳的过程。

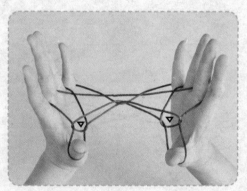

**11** 接下来将中指插入▽中。

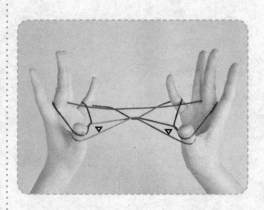

**9** 挑完后整理一下绳子。将拇指插入▽里。

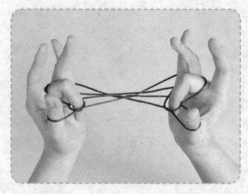

**12** 插入的过程。

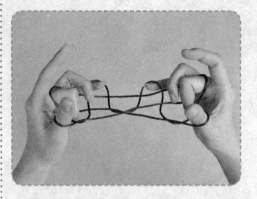

*13* 插入后用将小指上的绳子松开。

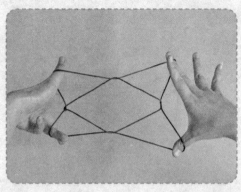

*16* 哈哈！发财了，一颗大克拉钻石完成了。也可以叫它"一段梯子"。

完成

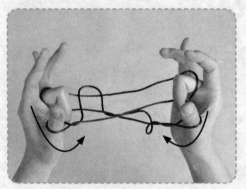

*14* 松开绳子的同时手掌向前按→方向翻转。转动的时挂在中指上的绳子自然脱离。

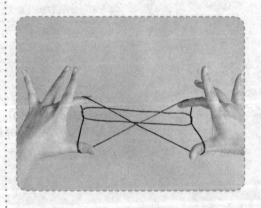

*15* 左手向反方扭转。

# 三颗钻石

翻绳游戏中的钻石是世界范围内最为常见的一种游戏，深受翻绳游戏爱好者的喜爱。

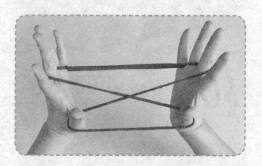

**1** 以中指基本手势的步骤开始。

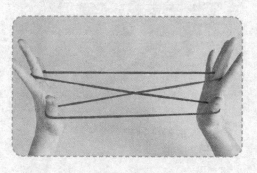

**2** 首先，将小指的绳子松开。

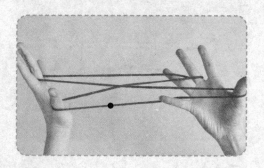

**3** 再用右手小指将●绳子下方取出来。

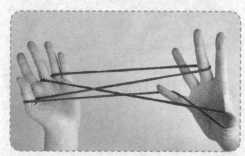

**4** 取绳时右手略微倾斜，这样可以很轻松地将绳子取下。

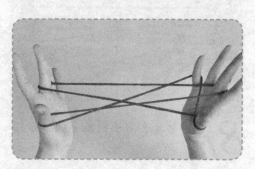

**5** 取完后的样子。

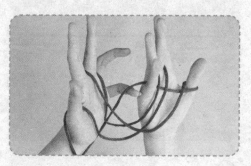

**6** 接下来将右手刚取的绳子的一端挂在左手小指上。

131

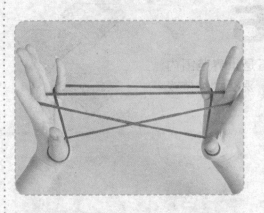

**7** 看一看左手小指取完后的样子。

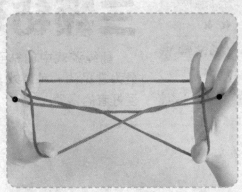

**10** 挑完后再用拇指取●绳。

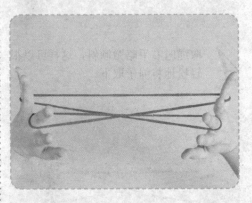

**8** 这时将套在双手拇指上的绳子松开。

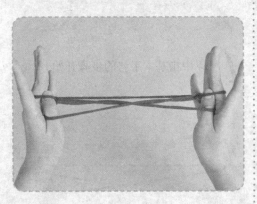

**11** 取绳的过程。

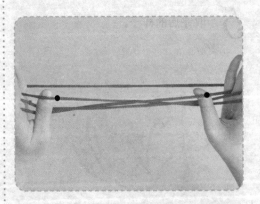

**9** 再用拇指挑●绳。

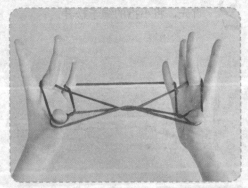

**12** 取完绳子后将手指撑开。

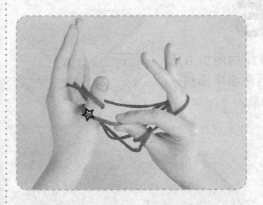

**13** 然后用右手拇指和中指捏住☆绳。

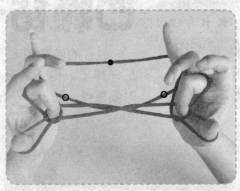

**16** 将中指插入后，将挂在小指上的●绳子和中指○绳缓慢脱离并松开。

**14** 将绳子从左手拇指上摘下来，松开。

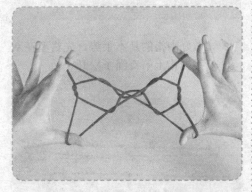

**17** 最后将双手手掌转向前方，并张开拇指与中指其中一只手掌扭转向自己。

完成

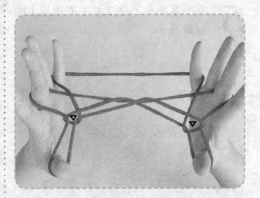

**15** 以同样的方法将右手拇指上的绳子松开，就变成了这样。接下来将中指插入▽中。

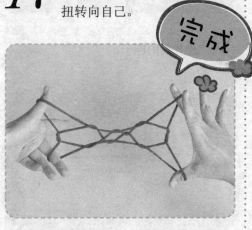

**18** 整理一下，闪闪发光"三颗钻石"完成了。很耀眼吧！

# 四颗钻石

钻石的游戏前三步和后两步方法是一样了，但注意最后两步中指插入时要缓慢，防止绳子松散。

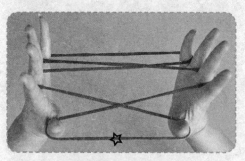

*1* 做好中指的基本手势。先将套在双手拇指上的☆绳子松开。

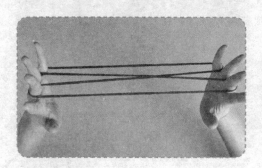

*2* 松开后的样子。

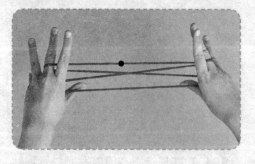

*3* 用双手拇指把●绳从其他绳子的下面拉过来。

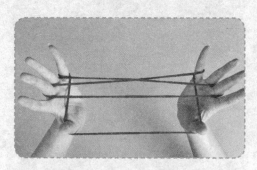

*4* 拉出来后的样子。

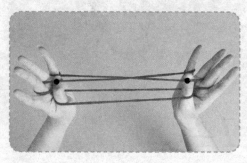

*5* 将手掌相对，这次双手拇指从上面取●绳子。

*6* 将手撑开后的形状。

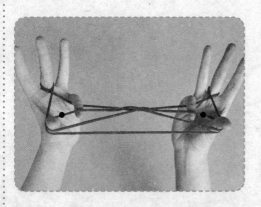

**7** 然后将套在双手小指上的绳子松开。再用双手小指向上挑●绳。

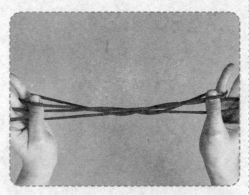

**10** 松开双手拇指上的绳子，再用双手的拇指取小指内侧的绳子。

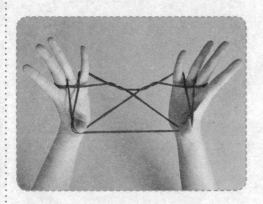

**8** 挑完后的形状。

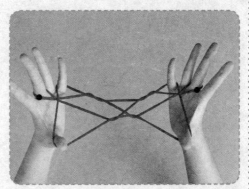

**11** 取后的样子，此时注意●绳的位置。

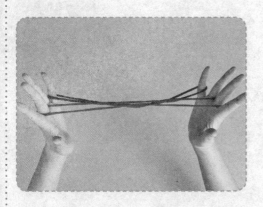

**9** 松开双手拇指上的绳子，再用双手的拇指取小指内侧的绳子。

**12** 用双手拇指指尖将绳子取过来。

*13* 取完后的样子。

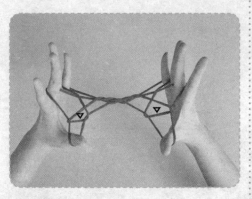

*16* 接着将双手中指插入▽中。

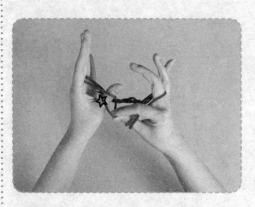

*14* 接下来用右手将左手拇指上☆绳松开。

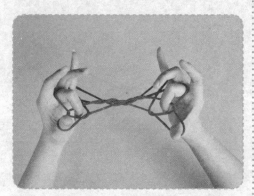

*17* 此时将挂在小指和中指上的绳子缓慢松开。

*15* 再用左手将右手拇指上的☆绳松开。

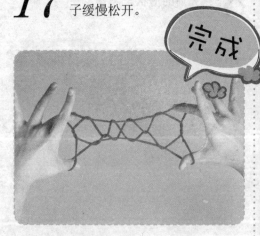

完成

*18* 最后，张开双手的拇指和中指，就完成了"四颗钻石"。

# 山、葫芦、月亮

由"四颗钻石"开始发生的一系列的变化，这就是单人翻绳游戏迷人的地方。

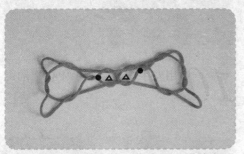

**1** 首先将完成的136页"四颗钻石"从手指中取下，平放到桌子上。用拇指和中示指捏住●绳，由下至上插入△中。

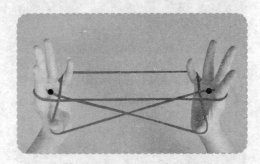

**4** 取完后的样子，很容易喔！此时注意●绳的位置。

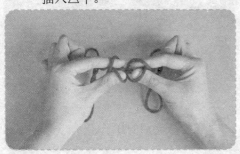

**2** 将绳子从下往上拿起来。

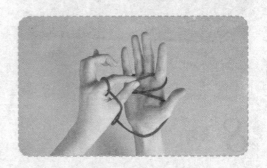

**5** 将右手的●绳拉起。

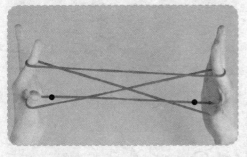

**3** 拿起来后将绳子拉直，再用小指取●绳。

**6** 再将绳子挂在右手无名指上。

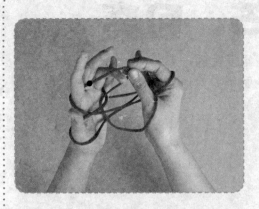

**7** 同样，再将左手示指上的●绳挂在左手无名指上。

**10** 用左手中指取右手中指上的绳子。

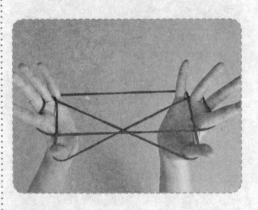

**8** 整理一下吧！

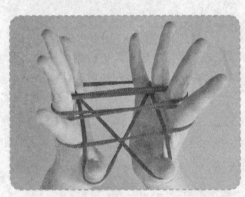

**11** 取完后的样子。

**9** 接下来，用右手中指取左手中指上的绳子。

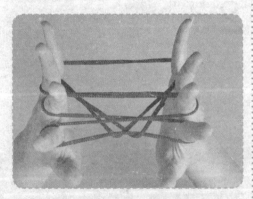

**12** 这时，松开拇指的绳子，将手指张开。

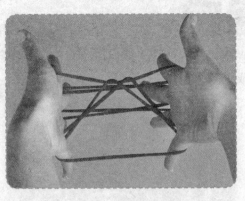

**13** 看到了吗？一座山完成了。

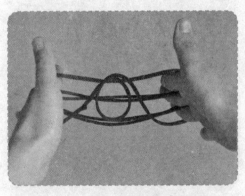

**15** 最后将双手向左右两侧拉，就变成了一轮圆圆的明月。

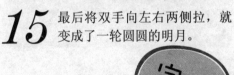

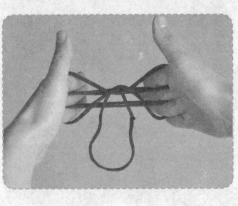

**14** 松开小指上的绳子，出现一个大葫芦。

# 小船、渔网

又是一个"四段颗钻石"游戏的延伸，我们由单人游戏变成了双人游戏，找个搭档好好配合一下，乐趣倍增。

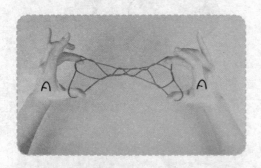

**1** A先翻出136页"四颗钻石"。

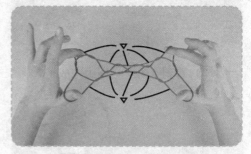

**4** B松开绳子，又重新回到了"四颗钻石"，这时B把十根手指分别插入▽中。

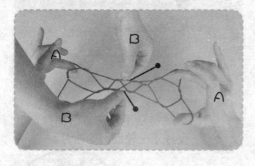

**2** B用拇指和示指捏住●绳子。

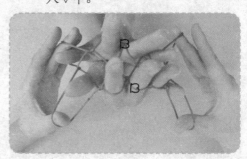

**5** 手指插入的过程。

**3** 将绳子逐渐拉长"四颗钻石"就变成了"小船"。

**6** B插入后，A将手抽出来，之后B将绳子向左右抻开。就成一张大渔网。

# 四颗钻石、两条金鱼

难易度 ★★★★

趣味性 ★★★☆

人数：2人

通过两人的紧密配合，
完成水中游来游去的鱼。

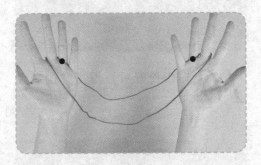

*1* A将绳子挂到中指和小指上。B用一只手取●绳。

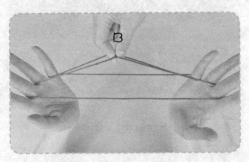

*2* B将取到的绳子向中间拉，用拇指和示指捏住。

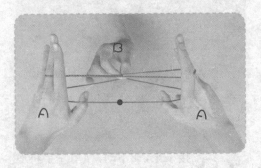

*3* A用双手拇指取●绳。

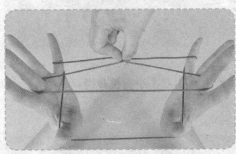

*4* 取完后的样子。

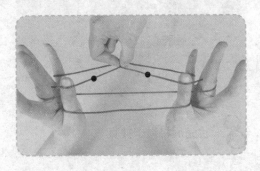

*5* 这时A用双手拇指再挑●绳。

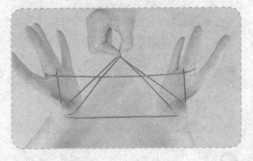

*6* 挑完后的样子。

141

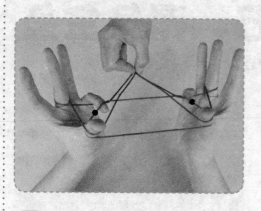

## 7
再用双手小指挑●绳。

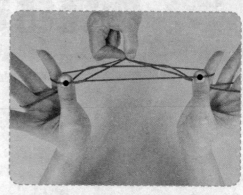

## 10
拇指松开后再用指背挑●绳子。

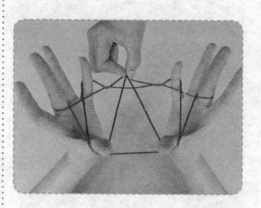

## 8
挑完后将绳子抻直。

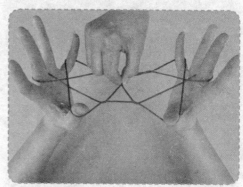

## 11
挑完后整理一下。

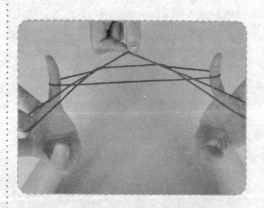

## 9
然后将双手拇指上的绳子松开。

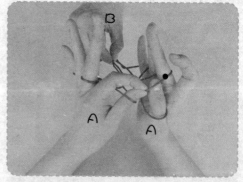

## 12
接下来，B不动，A用左手将右手的●绳捏住，套在右手拇指上。

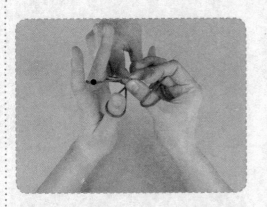

*13* 同样方法，将左手上的●绳子套在右手拇指上。

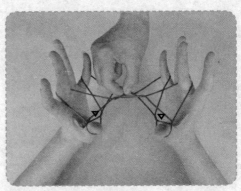

*16* 松开后的样子。接着将双手中指插入▽中。

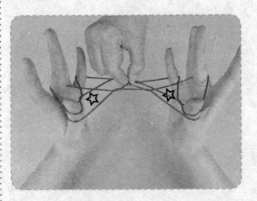

*14* 套完后的形状。将拇指上☆绳松开。

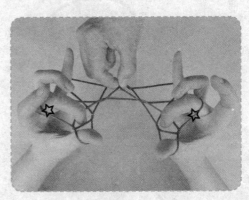

*17* 中指插入过程中，将挂在小指上的绳子和中指☆绳缓缓松开。

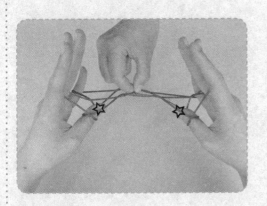

*15* 松开绳的过程。

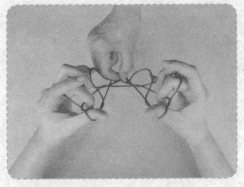

*18* 这时手心慢慢转向前方。

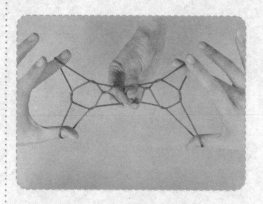

**19** 原来是四颗钻石哦！

完成

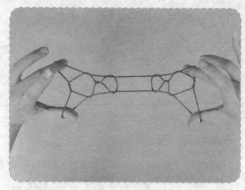

**21** 双手慢慢地向左右两边移动。

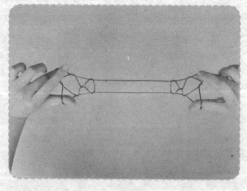

**22** "两条金鱼"形成了。

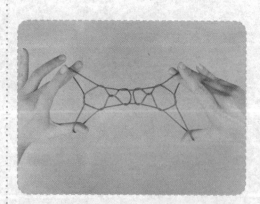

**20** B将手指松开。

**23** 继续向两边拉绳子，鱼就游走了。

# 梯子

翻"梯子"大多数的步骤与钻石的方法是相同的。如果还想要更多层梯子，那就将小指和中指的绳子多扭转几圈就OK了。

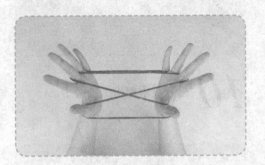

*1* 做好中指基本步骤。

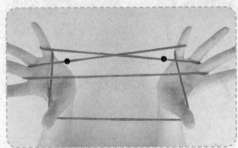

*4* 用拇指挑●绳。

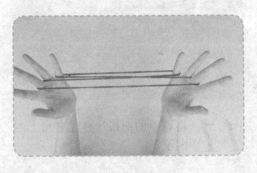

*2* 松开双手拇指上的绳子。

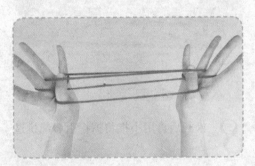

*5* 挑绳的过程。

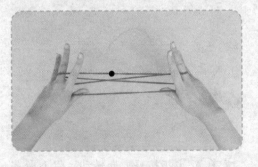

*3* 用拇指从绳子下面取●绳子。

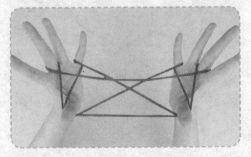

*6* 挑完后的样子。

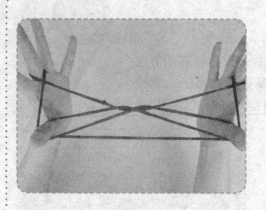

**7** 将小指上的绳子松开。

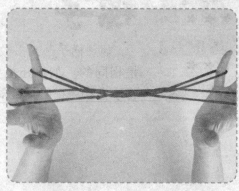

**10** 松开双手拇指上的绳子。

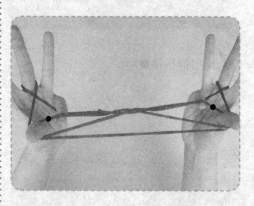

**8** 松开后再用小指将拇指上●绳挑过去。

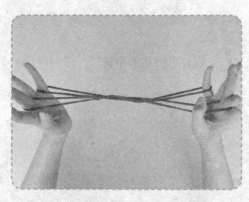

**11** 将右手的拇指压住无名指上的绳子。

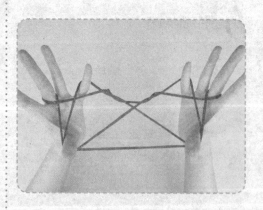

**9** 完成后的样子。

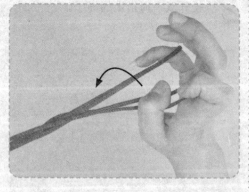

**12** 小指按→方向转动，将小指上的绳子扭一圈。

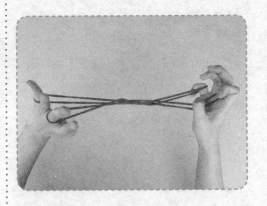

*13* 扭绳的过程。

*16* 用双手拇指挑●绳。

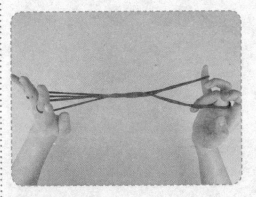

*14* 用同样的方法将无名指上的绳子也扭一圈。

*17* 挑后的样子。

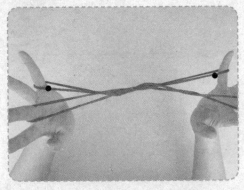

*15* 对照一下扭完后的样子。再用同样的方法扭左手指上的绳子。此时注意●绳位置。

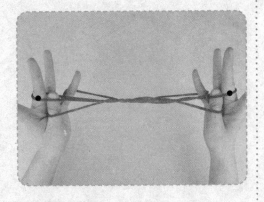

*18* 再用双手拇指挑●绳。

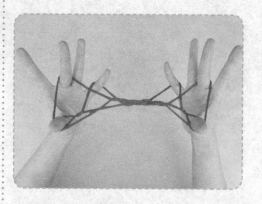

**19** 绳子挑后的样子。

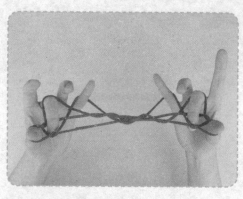

**22** 插入的过程。

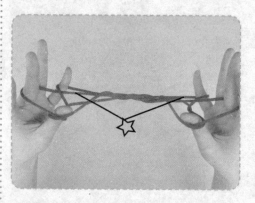

**20** 将双手拇指上☆绳松开。

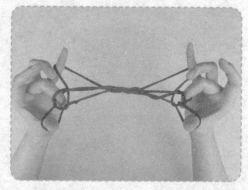

**23** 将挂在小指上的绳子和中指指背的绳子缓慢脱离。用双手拇指、中指钩住绳子。

完成

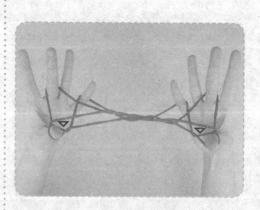

**21** 松开后的形状，然后，将中指插入▽中。

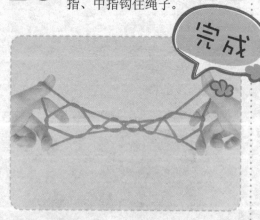

**24** 将拇指和中指张开，数一数是不是"五段梯子"

# 蝴蝶、山丘、猫咪

表演一场"小猫钓鱼"的故事吧，不要错过呀！

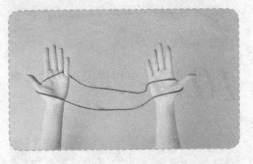

**1** 先将绳子挂在双手的拇指和小指上。

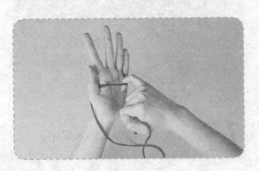

**2** 用右手小指将左手掌绳子钩住。

**3** 将钩住的绳子旋转后套在右手小指上。

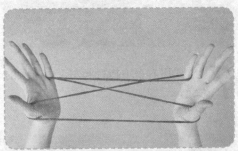

**4** 完成后将绳子拉直。

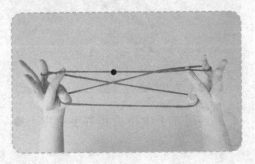

**5** 双手示指挑●绳。

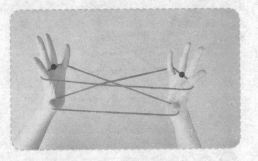

**6** 挑完后的形状。准备用中指挑●绳。

149

**7** 首先用右手中指挑起左手中指上的绳。

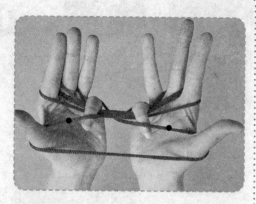

**10** 用双手小指指尖挑拇指上●绳。

**8** 再用左手中指挑起右手中指上●绳。

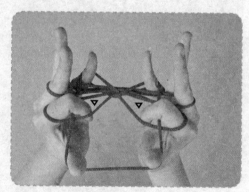

**11** 将双手示指弯曲插入▽中。

**9** 挑完后双手手指撑开。

**12** 松开拇指上☆绳。

*13* 再用右手将左手示指上●绳取下。

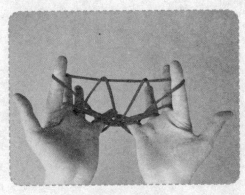

*16* 取完后示指向外钩，一只飞舞的蝴蝶就完成了。

完成

*14* 用左手将右手示指●绳取下。

*15* 取绳的过程。

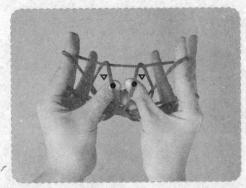

*17* 将双手拇指插入蝴蝶翅膀▽中，挑●绳。

151

**18** 挑绳的过程。

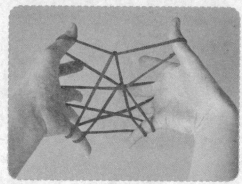

**21** "小山丘"完成了。

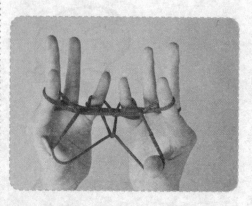

**19** 挑完后将绳子向自己身体方向拉伸。

完成

小猫在哪里呢？不要急小猫，很快就出场了。

**20** 再将双手示指上的绳子松开。

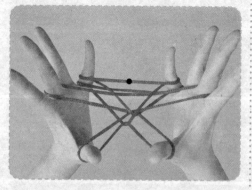

**22** 再将，手指向上。用拇指取●绳。

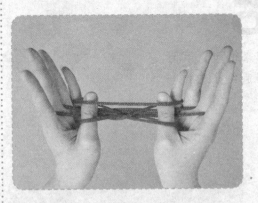

**23** 取绳的过程。注意从其他绳子上面取绳子。

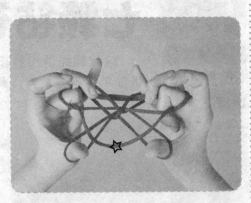

**26** 松开双手拇指上的☆绳。

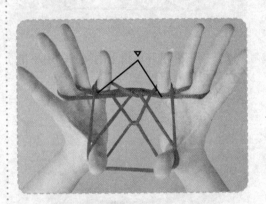

**24** 取完后的形状有点像小盒子。接下来将双手中指插入▽中。

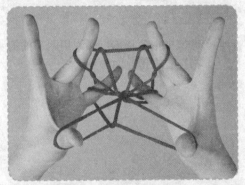

**27** 松开后将双手手指张开。

**25** 手指插入的过程。

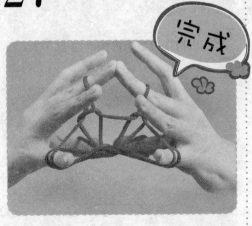

完成

**28** 最后，将双手中指相对，喵喵～，我们的主角上场了。

## 七颗钻石

这款翻绳游戏看起来很难，实际很简单，不要放弃，拿起绳子尝试一下吧！

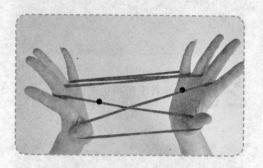

*1* 做好中指的基本步骤。用两手的拇指压过中指前面●绳。

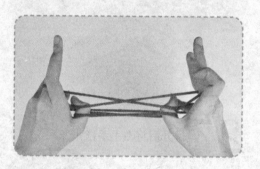

*2* 用拇指挑小指内侧的绳子。

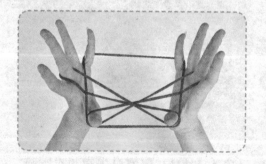

*3* OK！这是挑完后的样子。

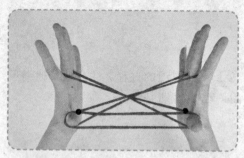

*4* 接下来松开小指上的绳子，用小指将●绳取过去。

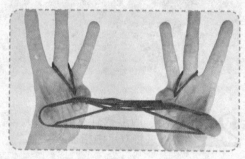

*5* 小指取绳的过程。

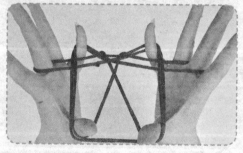

*6* 取后的形状。

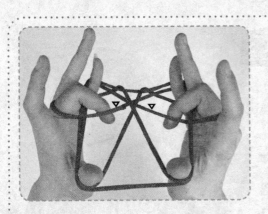

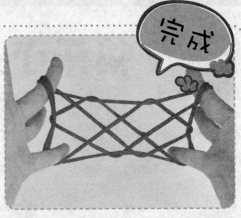

完成

**7** 这时中指弯曲，插入▽中。

**9** OK！慢慢整理一下，将中指和小指打开，数一数手中有没有七颗光彩夺目的"钻石"。

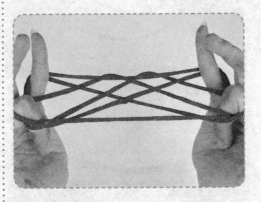

**8** 将拇指绳子松开的同时手掌心转向身体方向。

难易度
★ ☆ ☆ ☆

趣味性
★ ★ ☆ ☆

人数：1人

# 快乐小鱼

"鱼儿鱼儿水中游，游来游去乐悠悠……"让我们来尝试翻一条快乐的小鱼吧！

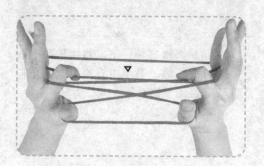

**1** 首先做好中指的基本步骤。将双手示指插入▽中。

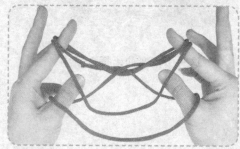

**4** 接下来松开小指上的绳子。松开的绳子注意不要拉紧。

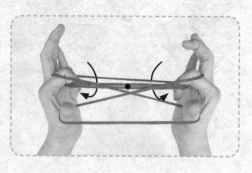

**2** 再用示指按→方向翻●绳。

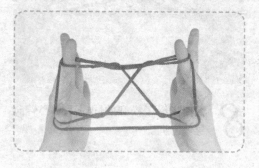

**5** 用拇指将刚刚松开的绳子挑起来。

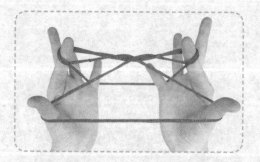

**3** 翻完后的形状。

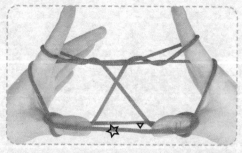

**6** 挑完后的样子。然后将拇指斜插入▽中，与此同时☆绳子自然从拇指上脱落离。

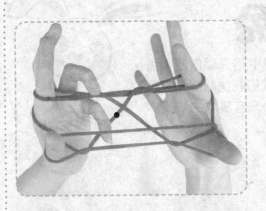

**7** 用左手小指将●绳钩向手掌。

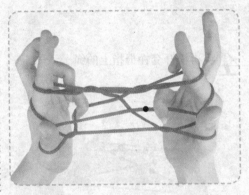

**8** 再用右手小指将●绳子也钩向手掌。

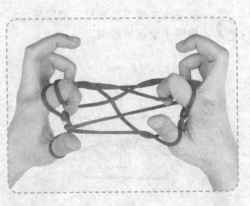

**9** 这时双手示指弯曲。

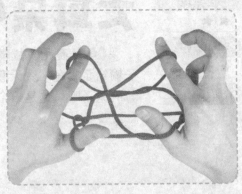

**10** 将指上的绳子脱离，注意不要让小指上的绳子脱落。

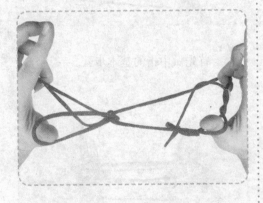

**11** 松开双手示指。

完成

**12** 两手向两侧拉，注意不要太用力。一条"快乐小鱼"完成了。

# 大耳朵兔

《龟兔赛跑》故事中那只骄傲的小兔子输给了乌龟。今天我们赶快叫醒那只睡着的兔子吧！这是一个来自日本的游戏。

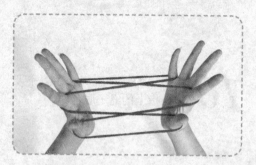

*1* 首先做中指的基本步骤。

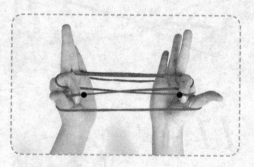

*2* 首先用双手示指指尖挑●绳。

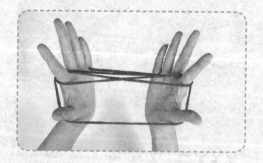

*3* 挑后的样子。

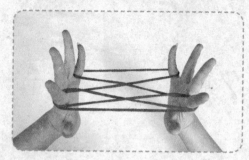

*4* 再松开套在拇指上的绳子。

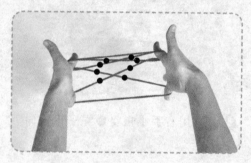

*5* 接下来先将手心相对，再用拇指将●绳子全部挑过来。

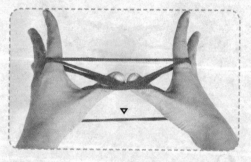

*6* 注意双手拇指要插入▽中，从下方将绳子挑过来。

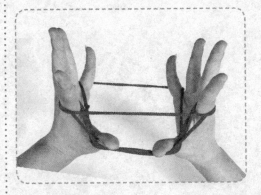

**7** 挑完后的样子。

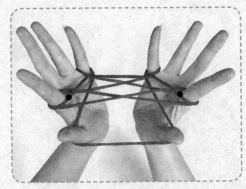

**10** 取完后手指向上调整一下绳子，再用拇指取示指上方的●绳。

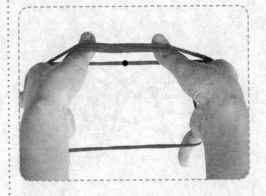

**8** 再将手指指向前，拇指压下●绳。

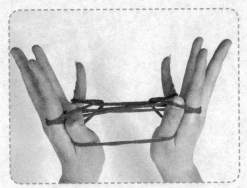

**11** 取绳的过程。

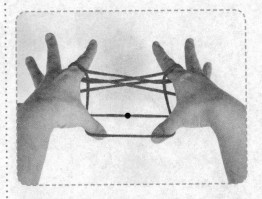

**9** 然后用拇指将●绳从上至下取过来。

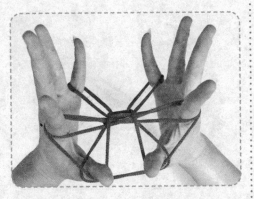

**12** 将绳子拉开后的样子。

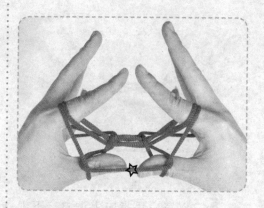

*13* 接下来将拇指上的☆绳松开。

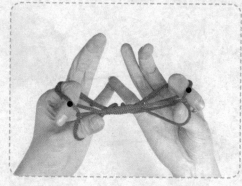

*16* 这时将示指上●绳松开。

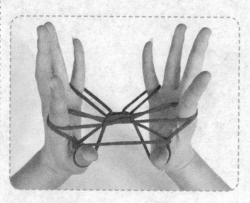

*14* 松开后的样子。

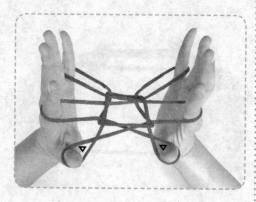

*17* 松开后的样子。然后将示指、中指、无名指一起插入▽中。

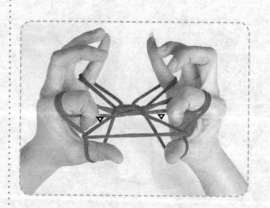

*15* 再将示指弯曲插入▽中。

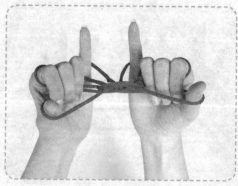

*18* 插入后握住绳子。

完成

**19** 将小指的绳子松开。

**20** 最后将拇指上绳子松开，示指
翘起来。

**21** 这只来自日本的大耳朵兔很可
爱吧！

| 难易度 |
|:---:|
| ★ ★ ★ ★ |

| 趣味性 |
|:---:|
| ★ ★ ★ ★ |

| 人数：1人 |
|:---:|

# 橡皮筋、小孩

在翻小孩子的过程中，你会发现一种可以翻皮筋的方法。

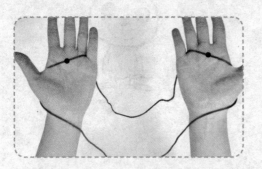

*1* 将绳子分别挂在双手的拇指和小指上。用中指相互取●绳子。

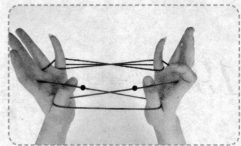

*4* 再用拇指挑●绳。

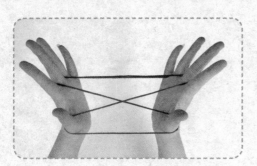

*2* 取后的形状。

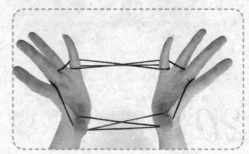

*5* 挑完后的形状。

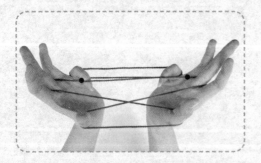

*3* 用小指挑●绳。

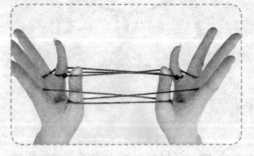

*6* 拇指再去挑挂在小指上的●绳。

162

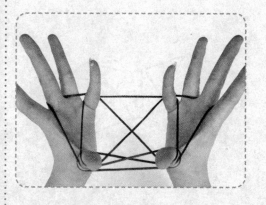

**7** 挑完后就变成了这个形状。

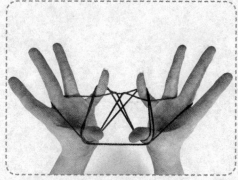

**10** 挑完后的形状。

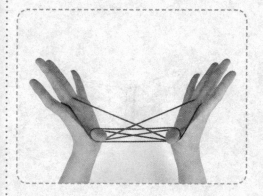

**8** 将小指上的绳子松开。

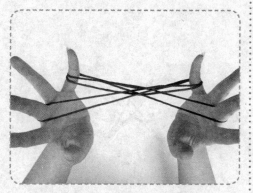

**11** 松开拇指上的绳子。

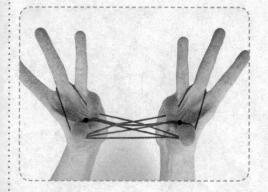

**9** 再用小指挑拇指上●两根绳子。

**12** 再用拇指取小指上●绳。

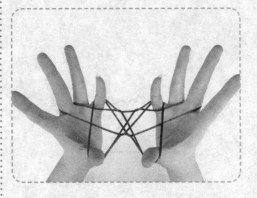

***13*** 取完后的样子。

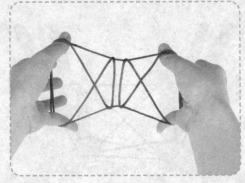

***16*** 松开就成了这个形状。

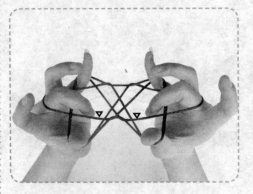

***14*** 将中指弯曲插入▽中。

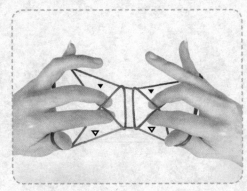

***17*** 接下来，将示指插入▽中，指插入▼中。

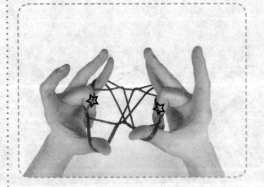

***15*** 然后将套在中指上☆绳松开。

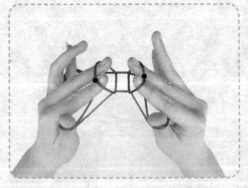

***18*** 再用示指和中指向上挑●绳子。

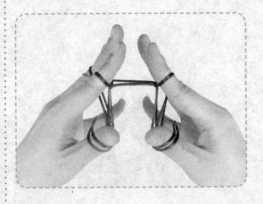

**19** 一条带橡皮筋完成了。

完成

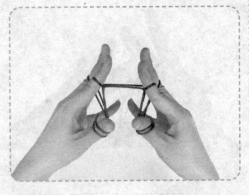

**21** 双手手指张开皮筋就变短了。

**22** 将手指转向下，左手小指插入套在右手小指的绳子中。

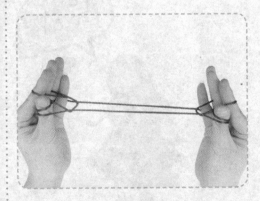

**20** 双手手指合并在一起皮筋就变长了。

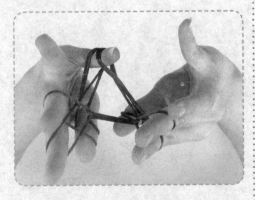

**23** 把右手小指上的绳子取下后套在左手小指上。

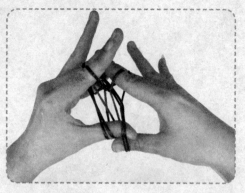

**24** 同样的方法，将手指再转向上，将左手拇指插入套在右手拇指的绳中。

**27** 将取下示指的绳子套在右手中指上。

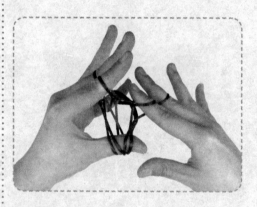

**25** 将右手拇指的绳子套在左手拇指上。

**28** 右手向上拉绳，呵呵！一个小孩子完成了。

**26** 再将右手示指的绳子取下。

完成

# 长椅

这款翻绳游戏能够做出形象又立体的小长椅，我们坐上去休息一下吧！

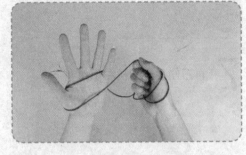

*1* 把绳子分别挂在拇指和小指上。准备将●绳缠绕到双手上。

*4* 缠绕完成后再用同样的方法将绳子缠绕到左手的拇指和小指上。

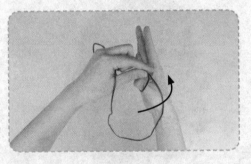

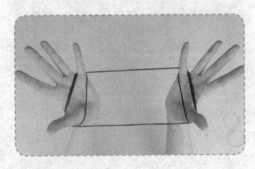

*2* 按→方向将绳子缠绕在右手的拇指。

*5* 完成后的形状。

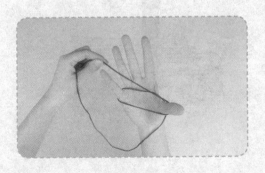

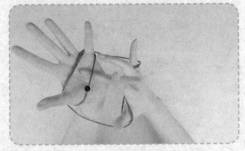

*3* 再将绳子挂在右手的小指上。

*6* 接下来用右手中指挑左手●绳。

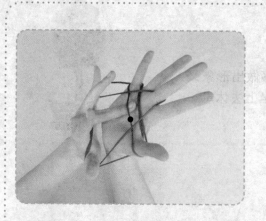

**7** 再用左手中指挑右手●绳。

**10** 拇指和小指弯曲向下翻转后，将绳子拉平，哈！公园里的长椅完成啦！

**8** 挑完后的形状。

**9** 再用双手拇指、小指分别压住●绳。

# 棕榈树

只有顺利完成示指和小指互相取绳子的步骤，才能让自然芳香的棕榈树拔地而起。

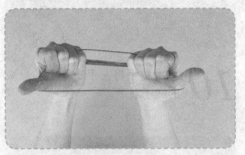

*1* A先做好中指步骤。双手除拇指的四根手指将中间四条交叉绳子握住。

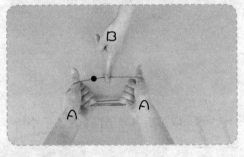

*2* 再将双手拇指指向前方，B用示指将●绳子钩住不动。

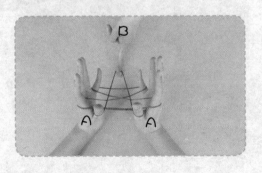

*3* 这时A将握绳子的手指张开。

*4* 用左手取右手示指上的绳子。

*5* 取下后将绳子套在左手示指上。

*6* 同样，用右手将套在左手示指上的绳子取下。

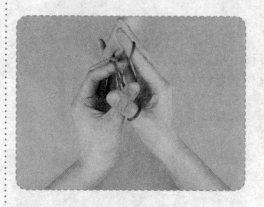

**7** 将取下来的绳子套在右手示指上。

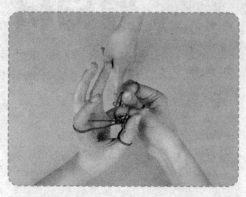

**10** 再用右手将左手小指上的原来的绳子取下。

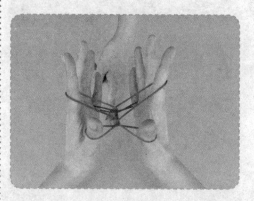

**8** 准备再同样的方法将小指上的绳子左右手交换。

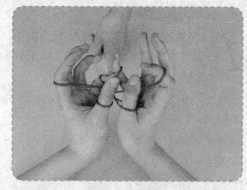

**11** 取下后将绳子再套在右手小指上。

**完成**

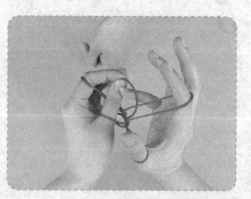

**9** 首先用左手将右手小指上的绳子取下。将取下的绳子套在左手小指上。

**12** 将双手手指张开，棕榈树拔地而起。

# 四、双人易趣篇

# 双人翻绳

双人游戏比单人游戏变玩起来有更多是趣味性。

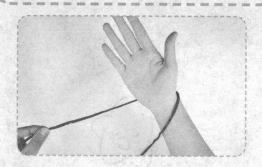

**1** A先将绳的一端套在右手手腕上。

**4** 接下来，将绳子的另一端套在左手的手腕上。

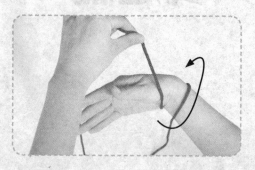

**2** 然后用左手将绳子按→方向套在右手手腕上。

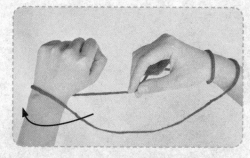

**5** 用右手捏住绳子按→方向套在左手手腕上。

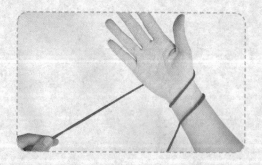

**3** 完成后的样子。

**6** 套绳的过程。

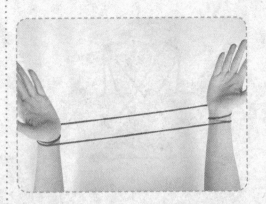

**7** 双手手腕套完绳子后的样子。

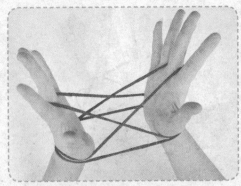

**10** 互相取完后的样子。

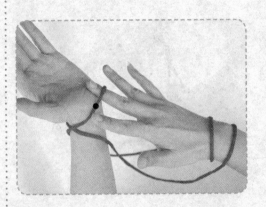

**8** 用右手中指取左手手腕上●绳。

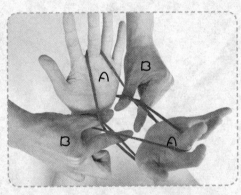

**11** 这时B将拇指和示指横着伸入交叉的绳子中。

**9** 再用左手中指取右手手腕上的●绳。

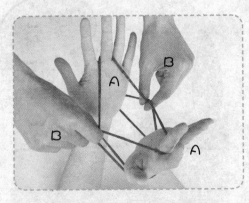

**12** B用拇指和示指捏住交叉点。

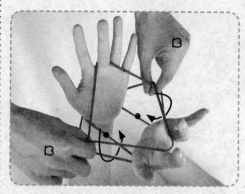

**13** 将B捏绳子的双手向左右两侧拉。按→方向从下往上翻过●绳子。

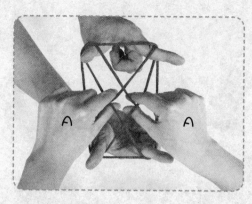

**15** 接下来，A用拇指和示指捏住绳交叉处。

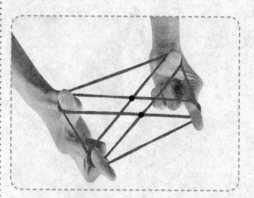

**14** 双手抻开这是翻完后的样子，我们叫它"稻田"。注意●绳交叉处。

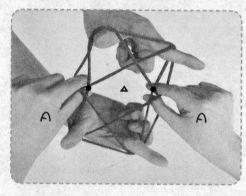

**16** 用拇指和示指按→方向由下往上翻●绳，从△处翻出来。

完成

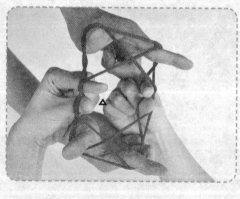

**17** 将拇指和示指插入△中，B松开绳子。

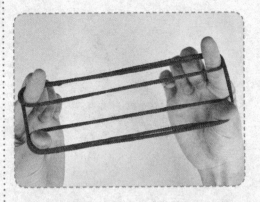

*18* 完成后就变成了"一条小河"。

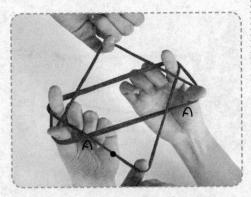

*20* B再用右手小指向右钩●绳。

*21* 钩完后，B再用拇指和中指伸入▽中从下往上翻●绳。

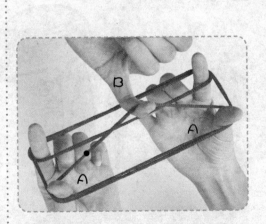

*19* B将左手小指向左钩●绳。

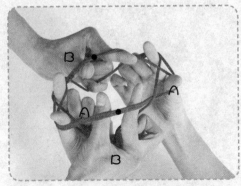

*22* B挑起●绳时注意要夹住小指上的绳子。

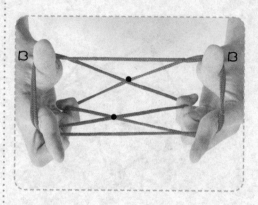

**23** A松开绳子，完成后的样子。注意●绳交叉处。

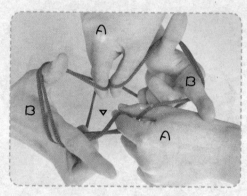

**26** 翻过后将双手的拇指和示指插入▽中，再将双手向两侧抻拉。

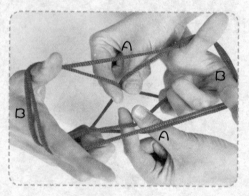

**24** 这时A用拇指和示指捏住的绳子交叉处。

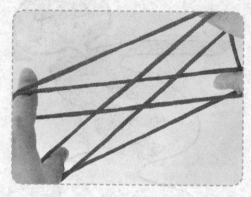

**27** 抻拉的同时，B松开手全部的绳子，又成了"麦田"。

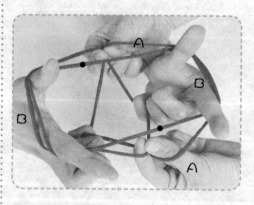

**25** 从●绳上翻过。

完成

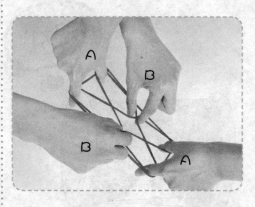

**28** 接下来，B用拇指和示指捏住●绳子交叉处。

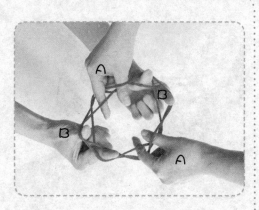

**31** 插入后将A绳子挑起来。

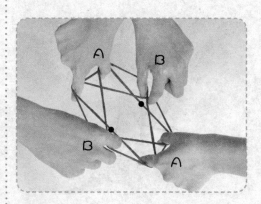

**29** 将绳子从●绳上翻过。

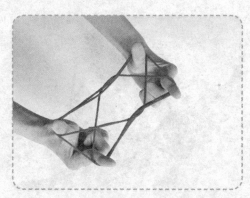

**32** A将绳子从手上松开。"菱形"。

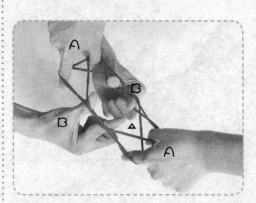

**30** 翻过后将双手的拇指和示指从下往上插入△中。

完成

177

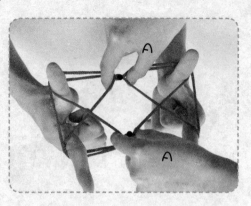

**33** 这时A再用双手的拇指和中指捏住●绳交叉处。

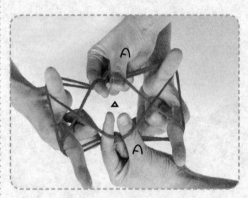

**34** 再将拇指和中指由下往上穿过△中后，左右手向两侧分开。

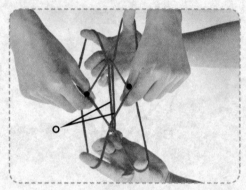

**36** B用拇指和示指捏住绳子●绳交叉处，再从两条○绳中间由下向上穿过。

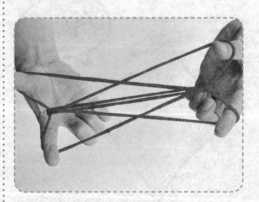

**35** 哈哈，完成了朝鲜族的"长鼓"。

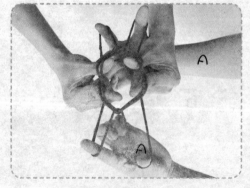

**37** 穿过绳子的过程。这时将A手上的绳子全部松开。

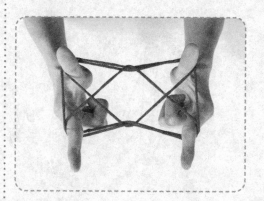

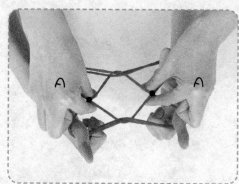

**38** 怎么又回到了"菱形"？

**40** 再用拇指和中指捏住●绳交叉处。

完成

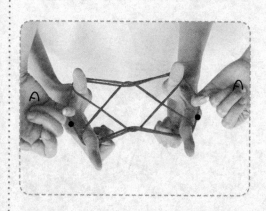

**41** 然后将拇指和中指穿过△处，由下往上翻转。

**39** 接下来，A用小指钩●绳子。

**42** 翻转后双手向两侧抻拉。同时B松开绳子。

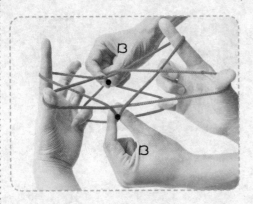

*43* B再用双手的拇指和示指捏住●处，同时往两侧拉伸。

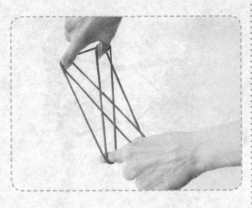

*46* 又回到了"麦田"。

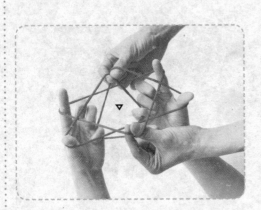

*44* 从上方插入▽中。

*45* 左右抻拉绳子A松开绳。

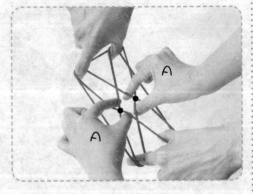

*47* A用拇指和示指捏住●绳交叉处。

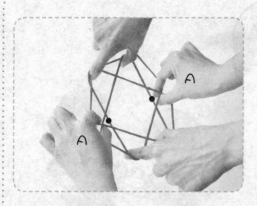

*48* 将绳子从●绳上翻过。

*49* 翻过后将双手的拇指和示指从下往上插入△中。

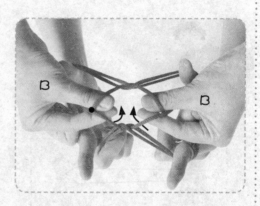

*51* B按→方向从下往上翻转。

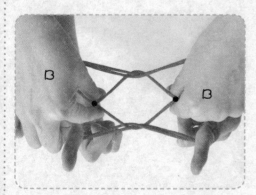

*50* B将绳子松开，A左右调整一下，又形成了"菱形"，B用拇指和示指捏住●绳交叉处。

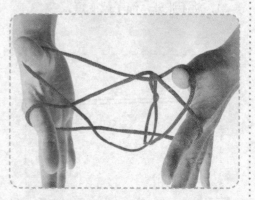

*52* 翻转后左右拉伸。

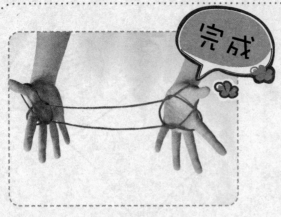

**53** 最终变成了"橡皮筋"。

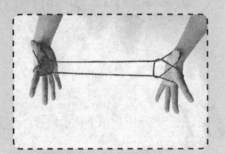

1. 将手张开，绳子就变短。

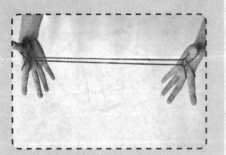

2. 将手指合并，绳子就变长了。

# 巴黎铁塔

这是国外传来的三人玩的立体翻绳游戏，可以让爸爸妈妈一起参加共同完成。

*1* 准备几根长短不同的绳子，在把最短的绳子分别套在AB两个人手腕上。

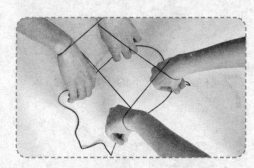

*4* 然后将拿起的绳子从套在手腕上的绳子中间穿过。

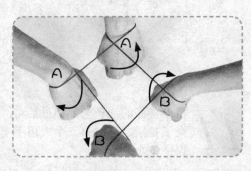

*2* 将手腕按→方向翻转，使绳子缠在手腕上。

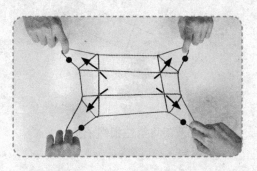

*5* ●绳按→方向拉出并拉紧，中间形成了一个四角形。

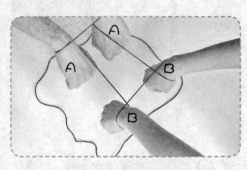

*3* 将绳子缠完后，两个人同时用双手将桌上第二根短的绳子拿起来。

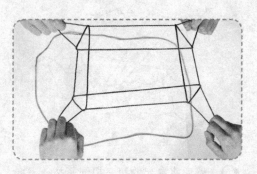

*6* 这时将最长的绳子平放到桌子上。

183

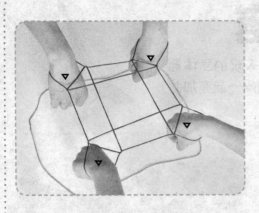

**7** 将A和B拉绳子的手逐一的插入▽中。

**10** 剩下的几根绳子也按照同样的方法进行。

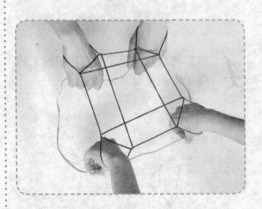

**8** A、B双手将第三根绳子拿起来。

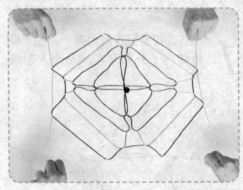

**11** 将准备好的绳子全部穿过后将绳子拉紧，这时第三个人用手捏住●处的绳子。

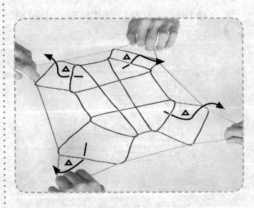

**9** 然后将拿起的第三根绳子按→方向从△处拉出来。

完成

**12** 将捏住的绳子向上拉，巴黎铁塔完成了。很壮观吧！

# 五、魔术耍帅篇

# 手指松绑 1

这是非常经典的一款游戏，玩起来很顺畅，可以一口气将绳子从手指中拉出来。

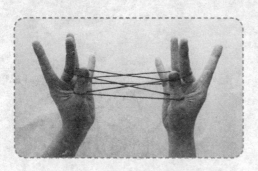

*1* 做好中指基本步骤。然后将中指上的绳子小心的移到拇指上。

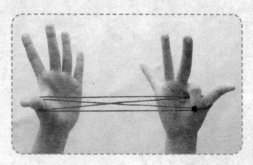

*4* 松开后再用右手示指挑●两根绳子。

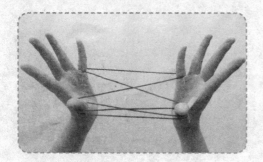

*2* 移过后的样子。

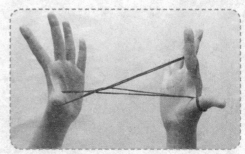

*5* 挑完后的样子。

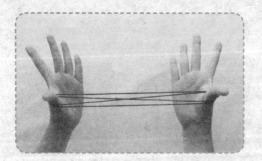

*3* 将小指上的绳子松开。

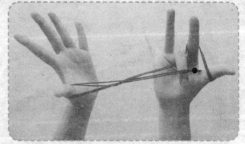

*6* 再用右手中指挑●两根绳子。

**7** 接下来，无名指以同样的方法挑●绳。

**10** 左手拉住绳子的另一端。

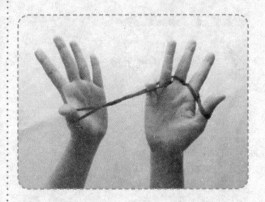

**8** 最后小指也用相同的方法挑绳子。

**11** 慢慢地向外拉绳子。

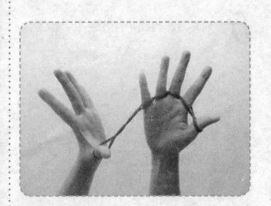

**9** 将套在左手拇指上的绳子松开。

完成

**12** 绳子逐渐从每个手指上脱离。

# 手指松绑2

这款翻绳游戏跟"手指松绑"玩法很相近，重点是穿过手指间取绳的过程。

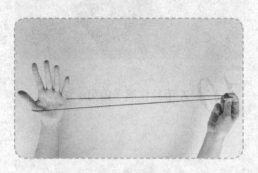

*1* 首先将绳子的一端挂在左手上。

*4* 将钩过来的绳子按→方向翻转。

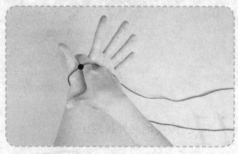

*2* 然后用右手示指从●绳下将左手手背上的绳子从拇指和示指中间钩到前面。

*5* 翻转后，将绳子挂在左手示指上。

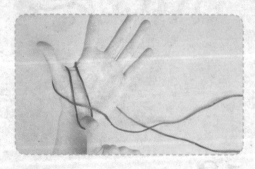

*3* 钩完后不要松开手指。

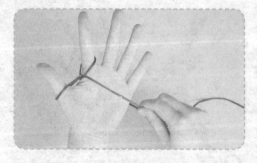

*6* 挂完后用右手将垂下来的绳子拉紧。

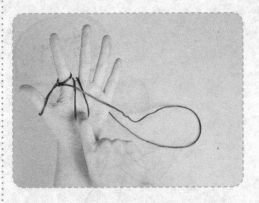

**7** 用同样的方法用右手示指将绳子从左手示指和中指中间钩到前面。

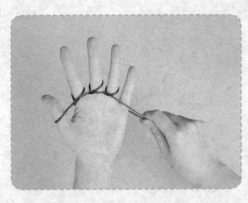

**10** 同样的方法将绳子挂在无名指上。

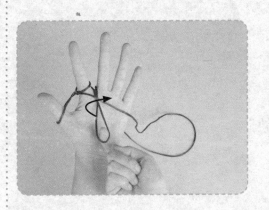

**8** 将钩过来的绳子→方向翻转。

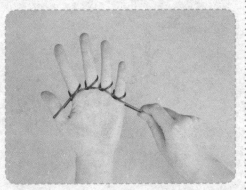

**11** 最后挂在小指上，拉紧绳子。

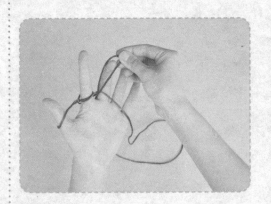

**9** 将绳子挂在中指上。

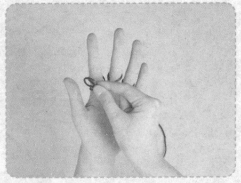

**12** 接下来将套在左手拇指上的绳子松开。

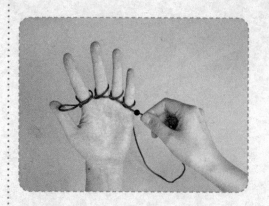

完成

**13** 右手拉住●绳。

像神奇的魔术一样，在你的朋友和家人间SHOW一下吧！

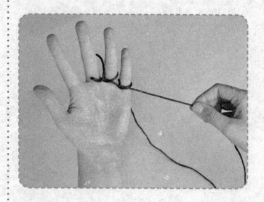

**14** 缓慢的向外拉绳子。

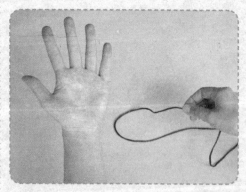

**15** 你会发现绳子一个一个从手指中间脱离，最后被绳子缠住的手指全部逃掉了。

# 手指松绑3

这是印第安人发明的游戏，游戏
简单有趣，有人把它叫做"穿墙"。

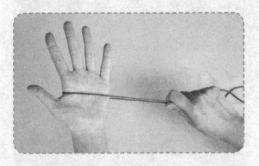

*1* 将绳子挂在左手手掌上，垂到手背
后面，右手拉住绳子垂挂的一端。

*4* 穿过后将右手拉的绳子穿过拇指和
示指间。

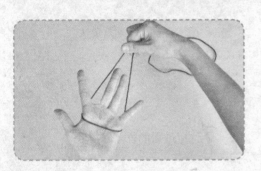

*2* 将绳子从手背拉到手掌前。

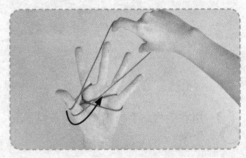

*5* 再按→方向围绕左手拇指将绳子再
次拉到左手掌前。

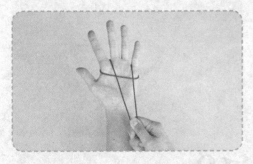

*3* 将拉着的绳子分别从左手的示指和
中指间、无名指和小指间穿过。

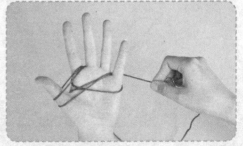

*6* 接下来将拉过来的两条绳子再分别
从左手的示指和中指间、无名指和
小指间穿过。

**7** 再将绳子从小指外侧转到手掌前，并从拇指和示指间穿过。

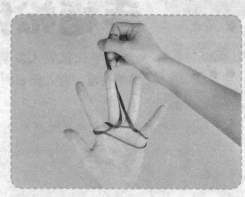

**10** 用右手握住绳子全部，从中指和无名指中间穿过。

**8** 用右手将左手拇指上的两条绳子取下来。

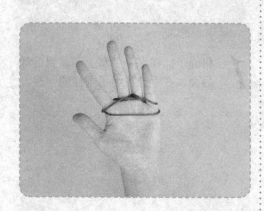

**11** 穿过后的样子。

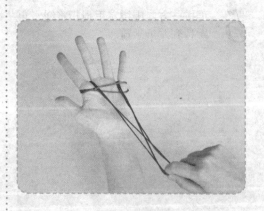

**9** 取完后，将绳子拉直。

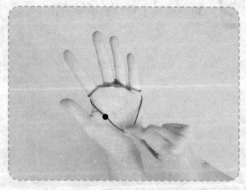

**12** 再用右手拉左手●绳。

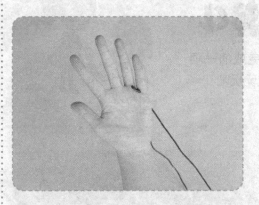

*13* 随着拉动，绳子一点点从手指间脱离。

完成

*14* 看！绳子全部脱离了。像不像绳子从墙体中慢慢穿过？慢慢练习吧！

# 手指松绑4

这是由两个人配合完成的一项快乐游戏，找个人一起玩玩吧！

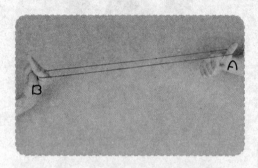

**1** 首先，将绳子一端套在A的右手拇指上，另一端套在B的示指上。

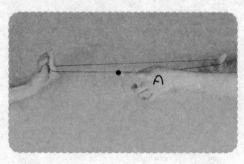

**2** 然后A的拇指插入两绳中，再用左手示指取●绳。

**3** 取完后按→方向挑，将示指插入▽中。插入后绳子形成交叉，A用左手捏住绳子。

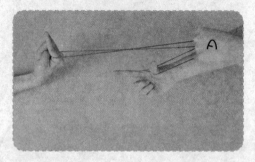

**4** A的左手保持不动，右手向前移动。

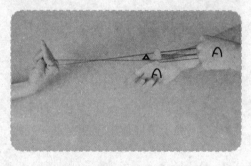

**5** 接着，A将拇指从下往上插入△中。

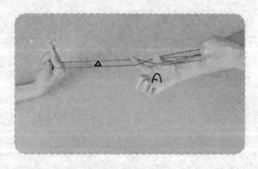

**6** 再将A的示指插入△中。

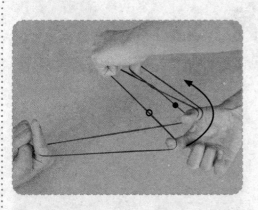

**7** 将左手绳子按→方向拉，右手示指钩住○绳子，拇指钩住●绳子。

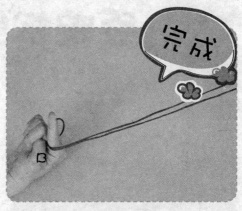

完成

**10** A示指轻拉绳子，快看呀，绳子缓慢地从B手指上的脱落，很有意思吧！

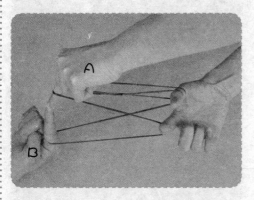

**8** 这时，A的左手示指指尖与B的示指指尖亲密接触。

**9** A松开挂在右手拇指的绳子。

# 手腕松绑

奇迹就在一瞬间，见证一下吧！

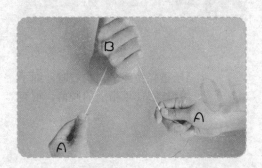

**1** 首先，A将绳子的一端挂在B的手腕上。

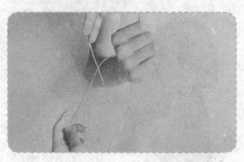

**2** 然后A右手上的绳子绕B手腕一周。

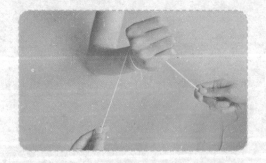

**3** 绕完后，A的双手拉直绳子。

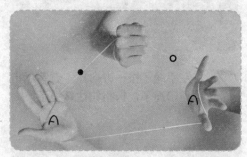

**4** 接下来将●绳挂到A左手的拇指和小指上，再将○绳挂在右手的拇指和小指上。

**5** 再用右手中指取左手●绳。

**6** 用左手中指取右手的●绳。

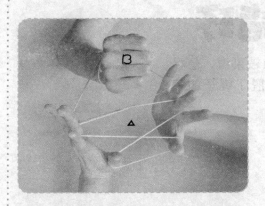

**7** 准备将B的手穿过△中。

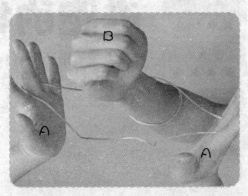

**10** 再松开双手小指上的绳子。

**8** B将整个手从下往上穿过。

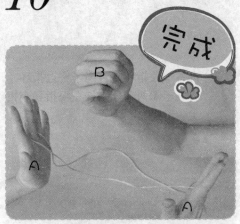

完成

**11** A的双手向两侧一拉，见证奇迹的时刻到来了，绳子全部从B的手腕上脱离了。

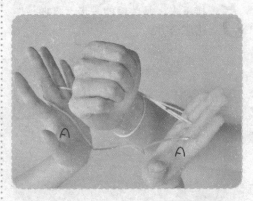

**9** B的手穿过后，A松开双手拇指上的绳子。

# 逃跑的指环

漂亮的指环不喜欢被束缚，想尽了一切办法，终于逃脱了绳子的束缚，它是怎么做到的？

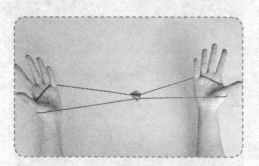

**1** 准备一枚指环，将绳子穿过指环。将绳子的两端分别挂在拇指和小指上。

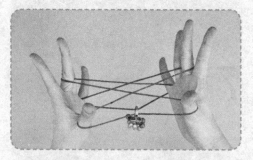

**4** 挑完后的样子。

**2** 用右手中指挑左手手掌的绳子。

**5** 接下来，是关键的一步，"啪～"击掌合并。

**3** 用左手中指挑右手手掌里的绳子。

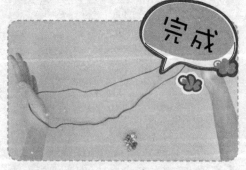

**6** 这时，迅速地将除左手拇指，右手中指外其他手指上的绳子松开。哇！指环从绳子上逃跑了。

# 抽绳魔术

難易度
★ ★ ★ ★

趣味性
★ ★ ★ ★

人数：1人

很有创意的翻绳游戏。绳子似乎想要缠住手指，结果还是失败了，想知道为什么吗？

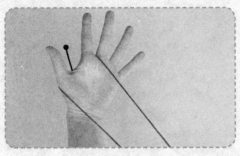

*1* 首先将绳子的一端挂在左手的拇指和示指上。然后用右手将左手背上的●绳拉出来。

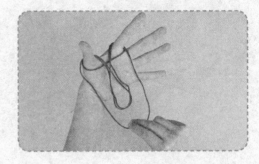

*4* 完成后右手不要松开。

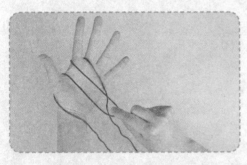

*2* 用右手将绳子从左手的拇指和示指中间拉出来。

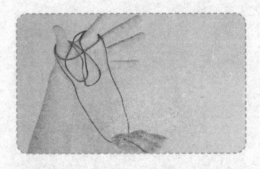

*5* 右手将捏住的绳往下拉。

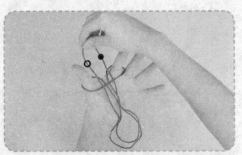

*3* 将刚刚拉出来的绳子一半重新穿过到拇指和示指中间。再将穿过的●绳和●绳分别挂在左手的拇指和中指上。

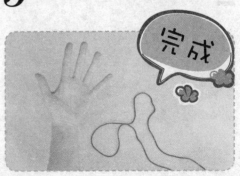

完成

*6* 左手上的绳子不见了。

199

# 钻扣眼魔术

这个游戏需要多练习，才能在最后一步顺利松开。

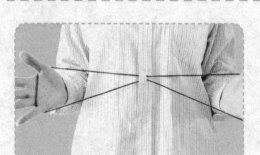

*1* 找一根绳子穿过衣服的扣眼。绳两端分别挂在双手的拇指和小指上。

*4* 取绳的过程。

*2* 然后用右手中指取左手掌上的绳子。

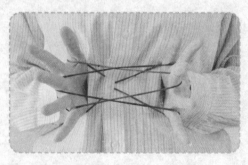

*5* 双手取完后的样子。

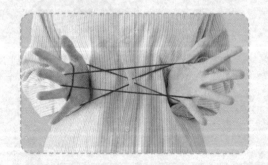

*3* 再用右手中指取左手掌上的绳子。

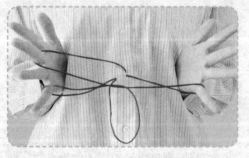

*6* 接下来松开左手拇指上的绳子。

200

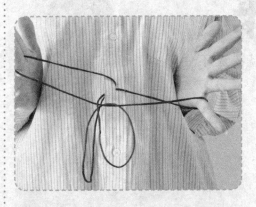

**7** 再松开右手小指上的绳子。

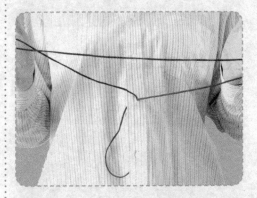

**8** 松开后，两手将绳子向左右两侧抻
拉。

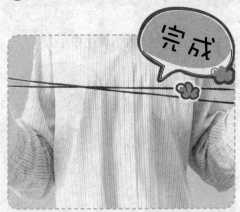

完成

**9** 太神奇了，绳子竟然从扣眼里跑出
来了！

# 抽手魔术

奇怪？怎么绳子就是套不住手呀？快帮我想想办法吧！

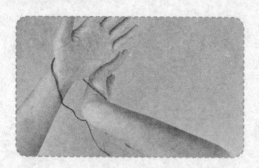

**1** 再将右手插入▽中。

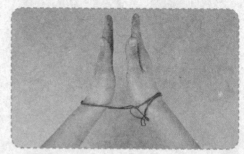

**4** 右手穿过后手心相对。

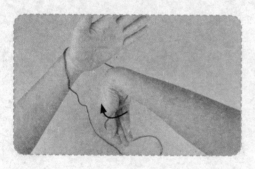

**2** 按→方向由外向内转动手腕，将外侧绳子缠绕的在右手手腕上。

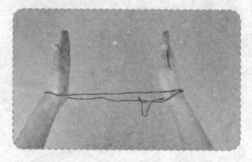

**5** 双手慢慢向左右两侧分开。

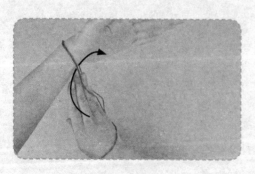

**3** 再将右手按→方向穿过左手腕的绳子。

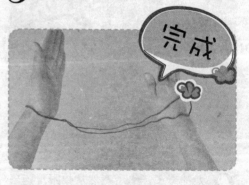

完成

**6** 哇！缠在右手腕上的绳子脱落了。

难易度
★ ★ ★ ☆

趣味性
★ ★ ★ ☆

人数：1人

# 轻松解死结

"你最崇拜的魔术师是谁？" "大卫·科波菲尔！"今天我们也要像他一样成为一名魔术高手。

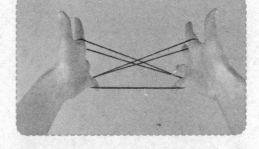

**1** 以示指基本步骤开始。

**4** 将手指指向前方。

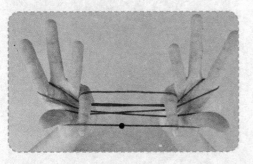

**2** 用小指将其他绳子压下取拇指上●绳。

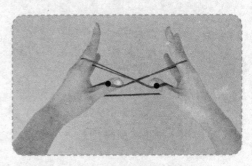

**5** 用拇指由下至上将●绳挑过来。

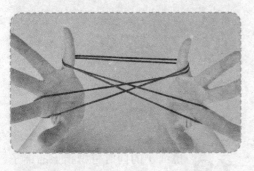

**3** 取完后的样子。

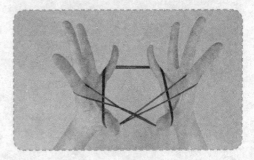

**6** 挑完后撑开手指。

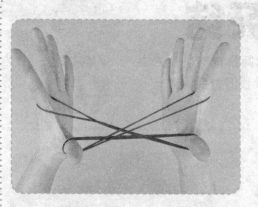

**7** 然后松开小指上的绳子。

**10** 接下来双手示指由下至上插入△中。

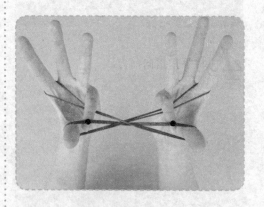

**8** 再用小指指尖挑●绳。

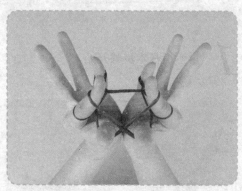

**11** 手指向上挑。

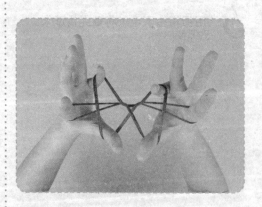

**9** 挑后的形状。

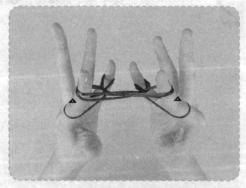

**12** 挑绳子的同时将拇指上的绳子全部松开。再将拇指由下至上插入△中。

*13* 插入过程中。同时将示指弯曲伸入套在拇指上的绳子中。

*16* 示指按→方向翻转，让示指上的绳子扭转一圈。

*14* 示指下压将拇指的绳子松开。

*17* 用16步的方法，将示指上的绳子再扭转一圈。

*15* 整理一下看一看。

*18* 扭转后的样子。

**19** 这时，将拇指和示指松开。

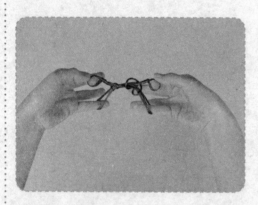

**20** 双手向左右两侧拉。

完成

**21** 奇怪，绳子是怎么解开了？

## 会换位的绳子

**难易度**
★ ★ ☆

**趣味性**
★ ★ ★

**人数：1人**

又一款好玩的游戏，练习后可以向你的朋友展示一下，肯定让他们大吃一惊。

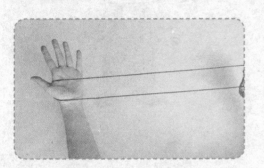

**1** 将绳子的一端套在左手的拇指上，右手捏住另一端。

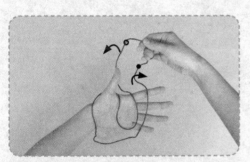

**2** 然后，将右手的绳子平整地穿过拇指和示指中间。再将○绳和●绳按→方向套在左手的拇指和示指上。

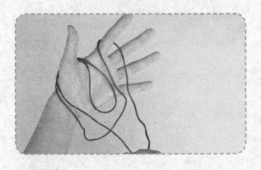

**3** 套完后的样子。

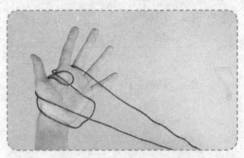

**4** 这时右手捏住绳子往下拉。

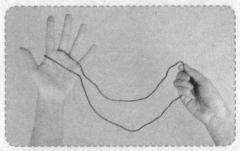

**5** 奇怪吧！原来套在拇指上的绳子怎么到了示指上了？绳子还能回来到原处吗？

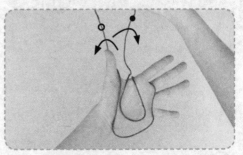

**6** 以同样的方法，将右手的绳子穿过拇指和示指中间，再将○绳子和●绳子按→方向套在拇指和示指上。

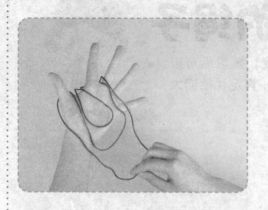

**7** 套完后的样子，右手不要松开。

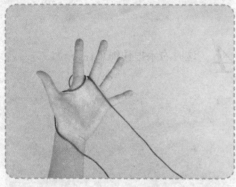

**8** 将绳子往下来。

完成

**9** 哈哈！绳子又回到了拇指上啦！